任性出版 The Sneaky Parent

理智斷線前的父母求生手冊

快吃飯、去睡覺、洗澡、看醫生、進餐廳……
還有飛機上閉嘴，200個安撫技巧，
讓聽不懂人話的7歲以下小孩聽話。

《紐約時報》暢銷書作家、兩個孩子的爸
大衛·博傑尼 *David Borgenicht*

《紐約時報》暢銷書作家、三個孩子的爸
詹姆斯·葛雷斯 *James Grace* ——— 著

鍾榕芳 ——— 譯

目次

第2章 臨出門前狀況百出

第3章 安靜一秒鐘就好，很難嗎？

第4章 再打架？就把你們趕出去

推薦序一

在理智斷線前，先陪孩子笑一笑

Podcast《加班當爸媽》雙主持人／櫻桃&小可

我們是櫻桃和小可，現為Podcast節目《加班當爸媽》的共同主持人。

十多年前，我們是職場戰友，一起處理品牌專案、策劃行銷活動、面對各式各樣的突發狀況與危機處理，也應對各種大小媒體。多年後的今天，我們依然並肩作戰，只是場景變成家庭、專案換成了孩子，而這一場沒有腳本的「加班人生」，叫作育兒。

從一開始的新手父母，到現在孩子漸漸長大，我們才真正理解：**育兒不是一場靠邏輯就能搞定的任務，而是一種不斷滾動式調整與修正的日常合作。**

在節目裡，我們聊過育兒的崩潰現場、生活節奏，也訪問許多親職專家與前輩。從這些經驗中，我們體會到：**孩子不是不聽話，只是還不會表達；不是故意針對你、愛跟你唱反調，而是他們的內在正經歷強烈且複雜的感受**。當我們願意放下大人的身段，用孩子的視角重新看世界，很多育兒的「難」，其實會慢慢有解。

櫻桃：「近期，我五歲的兒子經歷了一段讓我幾乎理智快斷線的3C期。放學回家後看二十至三十分鐘YouTube Kids，原本是我們共同的放鬆時間，但後來他開始自己延長時間，而且每次要他關掉平板就情緒炸裂。我試著安撫、講道理，但後來發現這件事逐漸消耗我們原本的良好關係，讓我們都越來越疲累。

「最後，我決定收起平板，告訴他：『因為你現在還無法遵守約定，我們先暫停，一週後再討論。』接下來的幾天他不斷抗議，我則用陪伴取代螢幕，和他一起聽故事、玩紙箱手工藝。

「三天後，他居然不再提起平板，還開始自己創作了一堆有趣的紙箱小作品。其中最大的驚喜是，他情緒變得更穩定，晚上也更容易入睡，我們不用再為『幾點該關掉平板』這件事每天消耗彼此。我一開始也懷疑這樣做是不是太嚴格，但我告訴自己，我們在練習一種新的節奏。」

小可：「五歲女兒是我的逛街夥伴。她是個喜歡逛街、愛漂亮，每次看到喜歡的東西就會說『我要買！』的小女生。起初，我們為了能不能買她要的東西，在店裡僵持不下，甚至好幾次都是她以大哭收場。我常常為了安撫她只好妥協，但每次都這樣對應也不是辦法。

「後來，我靈機一動，和她一起創造了『空氣口袋』小遊戲。每當她看到喜歡的東西，就用手在空中揮一揮，收進這個無形的小口袋，回家後如果還是很想要，我們再一起討論。這方法很神奇也很神祕，小孩還真的開始懂得欣賞與等待，不再要求立刻擁有。我們之間多了對話與共識，也少了許多當下的眼淚與爭執。我很慶幸自己沒有以乾脆買給她的心態處理這件事，轉個彎真的有不一樣的收穫。」

這些看似微小的日常，其實正是我們育兒中最深刻的轉變。我們學會了：**孩子不是對我們有意見，只是還不懂怎麼安放自己當下的情緒或欲望**。我們要做的是陪他們練習，但也要認知到練習是需要反覆進行的，而不是一味硬碰硬的糾正。家長要幫孩子守住界線，和他們一起整理那些說不清的混亂。

在做節目的這段期間，我們學到了：**育兒就是愛與界線的來回練習**。孩子需要爸媽的愛，也需要爸媽幫助他們建立生活節奏與秩序；家長則需要在混亂中，找到彼此都能喘息的方式。有時是提前預告、有時是善意提醒，有時候則是放下情緒，陪孩子一起重來。

那些反覆的練習，不只是教孩子守規矩，也是在幫助我們練習，覺察自己當下的狀態，以及怎麼在愛裡劃界線，在界線裡仍然保有愛。

本書用許多具體又真實的情境，讓我們**在理智快要斷線前，多了一些幽默與可運用的工具**，也讓我們再次相信，育兒可以不打罵，可以溫柔而堅定。只要你懂一點孩子的語言、轉移注意力的方式，日常生活就不再有壓力，而是充滿創意的智力競賽。

願這本書成為更多爸媽的育兒指南、一份感覺自己卡關時的幽默急救包。願我們都能在混亂中找回屬於自家的節奏，當爸媽其實很快樂。你不是一個人，我們都在這條「育兒有解、生活有光、成長有路」的路上，一起前行。

推薦序二

教養不只是愛與耐心，還需要一點幽默感

「蘇珊媽咪的天堂路」粉專版主／蘇珊媽咪

我在閱讀教養書時，常有一個感覺：坊間的書多半著重於原則性教導，真正深入細節、教你「怎麼做」的書並不多。心法原則固然是核心，但**身為第一線面對孩子的父母，更需要實戰經驗與具體招式。甚至，還需要一點幽默感，以及能化解僵局的小小魔法**。

本書正是這樣實用又充滿巧思的育兒工具書。兩位作者分別是資深雙寶爸與三寶爸，讀完之後，不禁令人讚嘆：「他們的育兒招式也太有趣、太強大了吧！」

例如，想讓孩子乖乖洗手？用可水洗麥克筆在他們手上畫個搞笑的臉或圖案，

然後跟小孩說要「洗掉怪獸」，洗手瞬間變得有趣又有目標。該整理房間了？就辦一場「整理房間奧運賽」，孩子是選手，父母則是體育主播。小孩一邊整理，爸媽一邊播報整理過程。書中還提供實際播報範例，家長可依樣畫葫蘆，氣氛超歡樂！

像這樣實用又充滿創意的妙招，在書中比比皆是。內容還貼心的依照生活場景分類：不穿衣服、不想上學、生病看醫生、搭飛機、手足吵架、3C控管、吃飯、洗澡、睡覺……這些每位爸媽都曾卡關的日常情境，書中幾乎都有應對之道。只要**翻開目錄、對應頁碼，就能找到多種應對解方，實在是一本適合放在書架上，遇到狀況立刻查閱的育兒寶典**。

閱讀過程中，我覺得兩位作者好幽默，當他們的孩子真幸福，爸爸們如此有趣，彷彿天天都在玩遊戲。資深老爸們確實懂得父母的心情，許多文字都讓人會心一笑，感覺心情被撫慰，是只有實際養育過孩子才懂的默契啊！

書中還有另一個亮點——許多場景都搭配一首「應景歌曲」！可愛的爸爸們將英語童謠或西洋經典旋律，改編成穿衣歌、上學歌、洗手歌、剪髮歌等，並附上

QR Code，讓讀者能連結到 YouTube 聽旋律，再照書中歌詞演唱。當你一邊教孩子穿衣，一邊唱著這些歌時，孩子的心情會比較愉悅，親子關係也在這些「加料」中更甜蜜了。

如果說愛與耐心是教養的基本配備，這本書給的就是育兒旅程中不可或缺的幽默與魔法。願這些妙招與歌謠，在你理智即將斷線的瞬間，為你施展出改變情境的神奇力量。

推薦序三

育兒就像遭遇戰，狀況往往都在分秒間

實踐育嬰假的親子作家／背包Ken

育兒生活中，我們總是會遇到各種混亂狀況，處理起來毫無頭緒或有各種糾結，還會一次又一次重複出現。

這時，我們會查找各領域專家的意見，看到一系列架構完整龐大、內外兼顧，從小孩的心理照顧到生理，內含各種遠大目標與意義的文章，讓我們猛點頭，彷彿醍醐灌頂。但每每到了這裡，卻還是先放下書，決定下次再研究。

因為**跟孩子狹路相逢的遭遇戰**（按：交戰雙方於行軍狀態時突然戰鬥），**往往都是分秒之間**。

例如：訂好了無法延遲的餐廳，再不出門就要被取消；或是僅容許五分鐘誤差的住家↓學校↓公司三點接力賽（只是每一棒都是自己接）。出門在即，小孩卻躺在門口，連衣服都不願意穿，而他的堅持與原因你完全無法理解。

每當遇到這些時刻，我當下需要的不是彷彿一學期才能學完的育兒課程，而是一個機智幽默、興趣廣泛、認真研究生活（當然包含育兒）的朋友，來一場紓壓的聊天聚會。我想問他接下來各種可能遭遇的戰況，還有他是怎麼成功解除危機。

他不需要長篇大論，只要給我幾個思路跟做法，讓我可以馬上著手使用，或是給我一點靈感，以激發我內心的無限創意。

本書作者就是這樣的人，寫出了這本彷彿機智朋友在身旁的書。

身為《紐約時報》暢銷書作家，著有多本「求生手冊」，主題從末日、荒野求生、旅行、高爾夫、外星人到超自然力量，甚至是面對自己的小孩，要如何在這些慌亂的情境中，為自己求得一線生機。本書充滿他們的機智幽默、才華洋溢。書中的育兒妙招，還集合了許多家長、治療師跟醫生的指引，值得我們一試。

光看本書目錄，我就有種「怎麼都被打中」的感覺，如洗手、不穿衣服、乖乖坐好、小聲說話、把東西放下、整理自己的東西、洗澡……都是育兒生活中天天面對的難題。

每個主題至少分為三個部分，讓讀者很好理解跟上手。以讓小孩乖乖洗手為例，第一部分**「事前準備」屬於一種布局**，像是父母自己就要常洗手，讓小孩看在眼裡；第二部分**「中度狡猾」則是一點引導招數**，如用可水洗麥克筆在手上畫怪獸，再玩洗掉怪獸的遊戲；第三部分**「輕度狡猾」則是什麼都沒準備也可以隨口使出，給孩子簡單有效的限定選項**，例如問他要溫水洗還是冷水洗？把選擇「要不要」，變成選擇「怎麼」洗。

推薦本書給在緊湊生活中不斷發生育兒遭遇戰，亟需能快速應用迎擊戰略、並應對突發狀況的每一位父母。

前言

父母求生手冊，讓孩子聽你的

你的孩子不會希望你讀到這本書。

本書會教你一些技能、訣竅、小聰明，讓你在唯一一場孩子能占上風的遊戲中打敗他，這遊戲就是「當個孩子」。當然，他體型比你小，理論上應該也沒你聰明；而你是大人，所以應該你說了算，對吧？

但在現實世界中，尤其是現代的育兒模式中（即許多家長會用跟大人說話的方式與孩子溝通，這就是第一個問題），事情不是你說了算，這也不是孩子玩這場遊戲的方法。

孩子，尤其是兩歲至七歲的孩子，他們每天都得面臨「想要掌握自己的人生」和「還是想當你的小寶貝」之間的艱難抉擇。當他還是嬰兒時，只要大聲哭喊，你就會衝過來，為什麼一樣的方法行不通了？尤其是現在他還可以加上抱怨、誘騙和談判等方法。

這個年紀的小孩雖然已有同理和講理的能力，但不代表他覺得用這些方法可以更快得到他想要的東西！

為什麼不該整天光著屁股？為什麼不能吃冰淇淋當點心？因為孩子不知道出門前應該穿上衣服，也不知道糖果點心並不在健康飲食金字塔上。

孩子不知道，他不可以像你一樣二十四小時都在玩手機，也不知道你錢包裡的錢並不是源源不絕，不能想買玩具就買。他當然也不知道耍脾氣不是好的談判工具（其實，很多大人也不知道這點），也不會知道剪頭髮並非遠古時代的酷刑，不知道剪指甲其實不會痛，也不知道有「內心的聲音」這種東西。

這就是你該出場的時候，你得想辦法教教他，不然就是說服他做你希望他做的事。而要達成這個目標，有很多種方式。

有時候，做好準備工作就夠了，跟寶貝說做**這件事的好處在哪裡，把他當成負責任又聰明的人，告訴他事情為什麼是這樣發展**。

但更多時候，你得稍微有點技巧，耍點小花招、轉移注意力或改變策略，讓孩子聽你的話。本書會給你必備的工具和知識，幫你達成這些目標。

本書囊括所有你想對孩子耍詐的必備資訊，讓你說服孩子在你想要的時間、想要的地點、做你想要他做的事。

你將會學到經典招式，例如來點「輕度狡猾」，**給孩子選項，讓他覺得自己有掌控權，但實際上所有規則都由你制定**；或「中度狡猾」，使用**較複雜的伎倆，把無聊的事變成好玩的遊戲**。你將會成為混淆視聽的專家，熟練歷史悠久的育兒技巧，讓孩子言聽計從卻渾然不覺。

為了寫出書裡的建議，我們不只整理了在自己孩子身上用過的育兒兵器軍火庫（大衛有蘇菲〔Sophie〕和麥克斯〔Max〕兩個孩子；詹姆斯有艾佛瑞〔Avery〕、庫柏〔Cooper〕、達斯汀〔Dustin〕三個孩子），還訪問了許多家長和專家（如醫生、家庭治療師等），為的就是提供全方位的指引，給你最簡單的花招和最優秀的引導方法。

所有技巧都經過家長測試認可，而且我們提供的選項很多，你一定能選到最適合你的孩子、當下情況和自身需求的小技巧。除此之外，你還會學到基本原則，讓你可以發明自己的狡猾小伎倆。

希望你能明智使用這本書，並妥善保管它。畢竟，現在的小孩學會閱讀的時間越來越早，你絕不會希望這本書落入「敵方」手中。不過，歡迎你在孩子終於可以講理時（或開始意識到你的伎倆時），把這本書分享給其他家長。

記得：我們是家長。我們體型更大、更聰明，也更狡猾。我們不一定要被孩子牽著鼻子走，其實，沒有人需要被牽著鼻子走！只要一點點密謀，你就可以讓孩子健康開心又懂事聽話，連吵架都不用，說不定你們還能享受其中！

第 1 章

這麼簡單的事，就是做不到？

1 乖乖梳頭

你或許聽過一種說法：睡前梳一百次頭，有益身體健康。不過，如果梳頭這件事是在趕著帶孩子出門上學之前，大部分家長應該都很樂意改成幫他梳十下就好。剛起床的凌亂髮型可能在青少年間很流行，但在三歲小孩身上也適用嗎？

事前準備

- KISS：意思是「盡量簡短」（Keep It Short, Stupid）。如果孩子真的很不喜歡被梳頭，就縮短梳頭的時間，這樣比較簡單。
- 每兩天幫孩子洗一次頭，使用兒童專用洗髮精和潤髮乳（先用洗髮精，再上潤髮乳，最後一起沖洗，就可以減少孩子在過程中的不適感），應該能讓頭髮更好整理。

- 如果孩子有自然鬈，一週洗二至三次頭就好，有時可以只用潤髮乳（無須使用洗髮精）或不起泡的洗髮精。
- 使用順髮噴霧，減少頭髮打結。
- 尋求專家建議：詢問孩子的髮型師，哪種梳子最適合他的髮質，梳起來最不會感覺到疼痛。

中度狡猾指南：用點小技巧

- 在孩子洗澡時幫他梳頭，不要等頭髮乾了、變難梳時才梳。
- 從接近髮尾會打結的地方開始梳，再慢慢往上移動，不舒服的感覺會少很多。梳的時候，手抓在打結的上方，就不會拉扯到孩子的頭皮。
- 如果是喜歡在頭上綁緞帶或別髮夾的孩子，就用這些配飾吸引他。告訴他，你會讓他變得跟公主、最喜歡的卡通角色，或常別漂亮髮夾的朋友一樣美。

- 在孩子看電視、玩電腦時梳頭，或是請另一半念書給他聽，而你趁機替他梳頭。當他需要分心時，比較不會抱怨。

輕度狡猾指南：給他選項，簡單有效

「我幫你梳頭的時候，要不要看電視或影片？」

「你想要我在你頭髮乾的時候梳，還是我先用水噴一噴？」

「你想要我幫你梳頭，還是你自己來？」

玩點小遊戲

找尋結結女巫

假裝要找一位住在孩子頭髮裡的壞脾氣「結結」女巫，在孩子頭上找她、

「追」她（梳孩子頭髮），完成之後告訴小孩：你不小心讓女巫逃走了，下一次再找她。孩子開心笑，同時頭也梳好了（改成找動物也可以，例如老鼠、兔子等）。

如果孩子跟你槓上了

就讓孩子自己梳，並跟老師解釋他正在練習獨立自主，然後祈禱一切順利吧。有句老話說得沒錯：孩子上大學時，頭髮不會還這樣亂七八糟的。如果他真的會，到時說不定也會變成一種時尚宣言。

邊唱邊做，減少抗拒

梳梳小寶貝

伴奏：*Hush Little Baby*

梳梳小寶貝，你別動
媽媽（爸爸）幫你把結梳開
如果打結梳不開
我們邊梳邊數到 1

如果數到 1 不行
那我們就數到 2

如果數到 2 也不行
那我們就數到 3

如果數到 3 還要梳
那我們就數到 4

如果打結還是在
那我們就數到 5
如果頭髮還是亂
那我們就數到 6

（後面以此類推）

2 早晚按時刷牙

每個人一天都應該要刷牙兩次——當然，永遠是說比做還容易。五歲之前，孩子的協調性和耐性都不夠，很難好好刷牙（大部分是缺乏耐性），但牙還是得刷，畢竟兩歲就有口臭和蛀牙，可不是什麼愉快的事。

事前準備

- 讓孩子期待刷牙的關鍵，就在準備。從他還是嬰兒時，就開始按摩他的牙齦。當你在刷牙時表現出興奮的樣子給孩子看，讓他幫你擠牙膏，並發出「喔！」或「哇！」的聲音，表達你有多喜歡刷完牙的清新薄荷味。

- 如果你的牙醫對小孩很有一套（這件事非常重要），當你要檢查牙齒時，可以帶孩子一起去，讓他在旁邊觀摩（但如果連你自己看牙醫都會痛苦掙扎或異常緊張，就算了吧）。
- 讓小孩自己選牙膏和牙刷，兒童行銷的魅力有時可以幫你一把。市面上有很多授權的卡通牙刷，和味道像糖果的牙膏可供選擇。

中度狡猾指南：用點小技巧

- 假裝自己是牙科治療椅，稍微往後躺，讓孩子躺在你身上，背靠向你的胸膛，接著假裝自己是牙醫，檢查他漂亮的牙齒，並趁這時候幫他刷牙。
- 請孩子教他最喜歡的玩具刷牙，用玩具的聲音稱讚孩子。例如，拿孩子的餅乾怪獸玩偶，並幫它配音，說：「餅乾怪獸想刷牙，但餅乾怪獸不會，誰可以教教我？」接著，你幫孩子刷牙，假裝是示範給玩具看，再讓他幫玩具刷牙。
- 假裝牙刷是電動的，把牙刷開關「打開」，並在幫孩子刷牙時裝出嗡嗡聲。

- **不說「刷牙」，改說「幫牙齒塗顏色」**。問孩子他想要幫牙齒塗哪一種顏色，並在幫他刷牙時假裝塗上顏色。
- 幫牙刷取個可愛的名字（例如：小刷刷、佩佩刷），接著用逗趣的聲音告訴孩子，小刷刷真的好想要到他的嘴巴裡探險。這招看起來很傻，但對年紀較小的孩子通常有用。
- 不說「牙膏」，改說「魔法許願膏」，讓孩子刷完牙後許一個願。

輕度狡猾指南：給他選項，簡單有效

「你想要我幫你刷牙，還是你先自己刷，我再來幫你？」

「要不要來比賽？比誰刷最久。」

「你想要我從上排開始刷，還是下排開始刷？」

玩點小遊戲

尋找牙牙鼠

告訴孩子，你得找到「牙牙鼠」（或跑走的動物園動物、失蹤的公主、害羞的小龍，任何能激發想像力的東西都可以），用牙刷當作在孩子口中「尋找」的工具，並幫孩子的嘴巴取名，如洞穴、躲貓貓小角落、城堡房間等。一邊編故事、一邊刷牙。

如果孩子跟你槓上了

請專家出馬。帶孩子跟牙醫見面，請醫生解釋刷牙有多重要，以及如果不刷牙會有什麼「可怕」的後果。描述越生動越好。

邊唱邊做，減少抗拒

刷牙歌

伴奏：*This Old Man*
（譯注：即「綠油精」廣告歌的原曲）

刷上面　刷下面
刷牙牙　一、二、三、刷！

拿著牙刷來回　刷乾淨
牙齒變得亮晶晶

刷快快　刷慢慢
好健康　你知道嗎？

拿著牙刷來回　刷乾淨
牙齒變得亮晶晶

刷微笑　刷皺眉
正著刷或反著刷

拿著牙刷來回　刷乾淨
牙齒變得亮晶晶

3 經常洗手

訪問五位醫生，就有五位同意以下這件事：常洗手可預防孩子（或家人）感冒、得流感或被病毒感染。

除此之外，洗手也是預防家具沾到手指畫顏料和巧克力冰淇淋的唯一方法。

事前準備

- 最重要的事：培養孩子洗手的習慣。如果他已經習慣每天要洗好幾次手，當吃飯前、外出回來時忘了洗就會感覺不自在，這樣一來，他就會自己說要洗手。有些孩子培養習慣需要花好幾個月，有些則只要幾週。無論如何，長期來看這樣的努力絕對值得。

- 父母先做好榜樣。如果你自己上廁所都沒洗手，孩子看到就會覺得他也可以這麼做。
- 盡可能讓小孩自己洗手，你負責在最後幫他擦乾即可。
- 買一個孩子專屬的腳踏凳，讓他自己把腳踏凳搬到水槽前，並極盡所能表達你對於他主動洗手這件事有多驕傲。
- 出外隨身攜帶溼紙巾或乾洗手。
- 讓孩子挑香皂和專屬於他的毛巾。

中度狡猾指南：用點小技巧

- 把洗手變成遊戲，杯子、碗、滴管，甚至是泡澡玩具，都可以讓洗手變得更有趣。
- 用可水洗麥克筆在孩子手上畫好笑的臉或圖案，這樣他就有東西可以洗掉。**「洗掉怪獸」這招永遠有用**。

- 播孩子最喜歡的歌，並跟他說，你想知道他有沒有辦法在這首歌唱完之前，快速把手洗乾淨。
- 買一條動物造型的小毛巾（通常是鴨子或魚），讓洗手變成一場布偶秀。畢竟，誰能抗拒被鴨鴨洗手的樂趣呢？

輕度狡猾指南：給他選項，簡單有效

「你想要我幫你洗手，還是你自己洗、我幫你用小毛巾擦乾？」
「你想用洗手乳還是香皂？」
「你想用溫水還是冷水洗？」

如果孩子跟你槓上了

直接跟孩子說明細菌的基本原理，解釋他在外面碰過的東西都有細菌，而這些可能會讓他生病，讓他知道不乾淨的手有多髒。

邊唱邊做，減少抗拒

洗手歌

伴奏：*Here We Go Round The Mulberry Bush*

袖子一起捲起來
捲起來　捲起來
袖子一起捲起來
上廁所　要洗手

也可以用洗手的步驟重複這首歌：

肥皂泡泡抹起來
手心搓　手背搓
開水龍頭沖一沖
手溼溼　要擦乾

4 有人拿剪刀對著我……害怕剪頭髮

大部分孩子都很怕剪頭髮，因為覺得剪髮會痛。但誰能怪他們呢？看到陌生人手拿剪刀，要對自己的頭動手，你可能也會怕。況且，剪頭髮還需要坐著不動十至三十分鐘。

家裡那位頭髮已經亂成搖滾巨星的小寶貝，要怎麼讓他甘願理髮呢？

事前準備

- 當你要剪頭髮時，請告訴孩子，這等於是間接告訴他：剪髮是大人和小孩都會做的事。更好的做法是帶著他一起去，讓他看看剪髮是怎麼回事。

- 找兒童友善且備有許多玩具、遊戲等兒童娛樂用品的理髮師。
- 別說「我們要去剪頭髮」，換個說法，告訴孩子你要去找朋友，並用髮型師的名字稱呼。

中度狡猾指南：用點小技巧

- 沒辦法給人剪，就自己來：**在家裡開一間「理髮店」或「沙龍」，邀請孩子來剪髮**，請他帶玩具鈔票或真的銅板付錢，播放他喜歡的音樂。讓孩子自己用噴罐把頭髮打溼（如果孩子不小心把你噴溼，也不要罵他），在剪髮過程中跟他聊天、講笑話、問問題。

一開始先慢慢來，稍微修剪就好，不要一口氣剪太多、太久。剪完之後稱讚孩子，也可以告訴鄰居好友，請他們一同來慶祝寶貝成功剪髮的里程碑。

- 同樣使用上述方法，你可以找另一位大人或年紀較大的哥哥姊姊幫忙。剪髮時，讓他坐在這位大人或大孩子腿上（或坐在高腳椅上），請他們跟孩子說話、轉移注意力。這樣一來，他或許更能坐得住。

- 善用影片、點心，或雙管齊下（請注意：點心可能會長滿頭髮）。動作要快，請放棄一次達成目標的想法，將剪髮目標分散到一整週。

輕度狡猾指南：給他選項，簡單有效

「剪頭髮的時候，你想要站著還是坐著？」
「你想要我讀故事書給你聽，還是編個新故事？」
「你想要＿＿＿＿（理髮師的名字）幫你把頭髮噴溼還是淋溼？」

玩點小遊戲

理髮店

預約好理髮師，兩週前就開始執行減敏感法（desensitization）。

跟孩子的娃娃說明什麼是換新髮型，用隱晦一點的說法，像是「不覺得芭比換了新髮型會很漂亮嗎？」、「艾蒙（Elmo）的瀏海是不是長長了？」。接著，用積木或冰棒棍做一張小理髮椅，把娃娃放在椅子上，向孩子示範怎麼弄溼娃娃的頭髮，給孩子假的剪刀，讓他幫娃娃剪髮。

結束之後，給孩子一點零錢，說是娃娃感謝他幫忙剪髮，並花式稱讚娃娃現在有多漂亮，接著幫它預約下次理髮。

在晚餐時間、睡前或搭車時聊一聊剪髮的事情，讓孩子回想這次經驗有多棒。當預約剪髮的時間越來越接近時，請再加強暗示的力道。例如，玩理髮的角色扮演遊戲，但先不讓孩子知道他的頭髮真的會被剪掉。

請帶孩子認識每一個步驟：在他根本不知道自己害怕或焦慮前，先解決掉這些情緒。給他一個噴水瓶，讓他弄溼你的頭髮，接著你坐在椅子上，讓他用手指「剪」你的頭髮（但不要給孩子真的剪刀，萬一他看到他剪的成果而害怕，這招就沒效了）。

過程中多微笑，最後給孩子理髮的「錢」和額外的「小費」，允許他用「錢」

買一些有趣的東西。

如果孩子跟你槓上了

上述招數都無效的話，就讓孩子把頭髮留長吧。等頭髮長到讓他覺得麻煩，可能就會想剪了。但如果他不想，那又怎麼樣？

邊唱邊做，減少抗拒

剪髮真好玩

伴奏：披頭四樂團（The Beatles）/ *Here Comes the Sun*

剪髮真好玩　小小寶貝
剪髮真好玩
而我說　沒事的

小小寶貝
你頭髮好長，我都看不到你了
小小寶貝
好像幾個月沒有剪髮了

剪髮好好玩　小小寶貝
剪髮好好玩
而我說　沒事的

小小寶貝
你知道剪頭髮不會痛的
小小寶貝
你知道我會陪著你的

剪髮好好玩　小小寶貝
剪髮好好玩
而我說　沒事的

剪髮、剪髮、剪髮好好玩
剪髮、剪髮、剪髮好好玩

5 吃藥大魔王

「只要一匙糖，藥乖乖吞下。」美國電影《歡樂滿人間》（*Mary Poppins*）的超級保母瑪莉·包萍曾這麼說。不過，還得看孩子的情況和藥的種類，有時候你需要的可能不只一匙糖。

事前準備

- 孩子還小時就開始教育他，並說明藥是什麼、為何吃藥會讓身體變健康，清楚解釋這件事不容妥協，而且「我們每一個人都有需要吃藥的時候」。
- 針對吃藥的流程，盡可能給他越多選擇越好，例如：誰拿藥給他、什麼時候吃藥（在合理範圍內）、吃完藥可以喝什麼飲料等。

●如果用針筒餵藥（不是皮下注射的針管，而是餵藥用針筒），請往側邊口腔內壁注射，這樣比較難吐出來，藥也比較容易滑進喉嚨。

●當你需要服藥時，請孩子幫忙拿藥給你，這可以讓他知道吃藥一點都不可怕，接著不吝嗇的感謝他幫了這麼大的忙。

中度狡猾指南：用點小技巧

●低溫可以蓋掉討厭的味道，所以請讓藥品保持低溫。如果仍蓋不掉藥味時，把藥跟同樣低溫的食物混在一起也許有用，像是布丁、蘋果泥、優格、冰沙等。簡易冰沙製作方法為：把冰棒折斷，稍微微波，讓冰棒呈泥狀。另外，可以在吃完藥之後，把剩下的冰棒給孩子作為獎賞。

●把藥摻進汽水裡。很冰的橘子或葡萄汽水幾乎可以蓋過所有藥水的味道，孩子也愛喝汽水，請依照藥水的氣味調整汽水的比例。

- 演出《歡樂滿人間》：先用第一個湯匙餵藥，接著迅速用第二個裝了巧克力糖漿（事前先準備好）的湯匙補上。巧克力幾乎可以蓋掉所有藥殘留的味道。
- 讓孩子決定他要在哪裡吃藥。讓他擁有一點掌控權，通常都有效。

輕度狡猾指南：給他選項，簡單有效

「你想在浴室還是房間吃藥？」

「你想用小杯子還是針筒吃藥？」

「你想快快吃藥，還是慢慢來？」

玩點小遊戲

魔法藥水

幫藥取個特別的名字，像是「粉紅魔法藥水」這種傻氣但好記的名字。跟孩子說，每次他吃完藥，超能力就會變強。

拿舊圍裙當披風為他披上，餵他吃藥、增強他的超能力。請發揮你的創意，假裝孩子力量真的變大了。

如果孩子跟你槓上了

若你的孩子非常頑固，以下這個最後大絕招會需要兩位大人來執行。

讓孩子平躺，一位大人捏著孩子的鼻子（讓他不得不用嘴巴呼吸），同時穩住孩子的頭。如果孩子嘴巴不張開，輕壓顳顎關節（靠近耳朵的下巴關節連接處）可以迫使他張開嘴巴。

接著，另一位大人餵藥（最好是用針筒），並闔起孩子的嘴巴。留意孩子有沒有把藥吞下，因為想呼吸，這時他會吞得很快。最後，鬆開捏著鼻子的手，持續讓孩子平躺，避免嗆到。

請注意，這個方法一定會讓孩子生氣或不悅，而且也不保證一定能成功，但下一次吃藥時，他配合的機率會大大提高。

這種餵藥法聽起來也許很可怕，但我們想強調：**這只能用在非吃不可的藥，且其他方法全都失敗的情況**。這個方法是我們的小兒科醫生，從兒童醫院急診部的護理師那裡學來的。

邊唱邊做，減少抗拒

吃藥大歡呼

教孩子喊以下的吃藥歡呼口號，喊到尾聲時，
他應該就知道要怎麼做。

給我一個彳！
給我一個一！
給我一個幺！
給我一個一！
給我一個幺！

合起來是什麼？吃藥藥！
大聲點，聽不見！吃藥藥！
拿到藥要怎麼辦？吃藥藥！
（看著孩子把藥吃下去）
喔耶！好棒！

第 2 章

臨出門前狀況百出

❶ 不想穿衣服

孩子不想穿衣服的原因很多，也許是他想掌控自由的大權，也許是他不喜歡有東西從頭上穿過。但無論如何，如果穿衣服這件事沒有辦法好好執行，就會成為家長每日的頭痛難題。

事前準備

- 規定穿衣服是每天起床後的第一個任務，在孩子離開房間前，就要先做好。
- 讓小孩自己選今天要穿的衣服（當然，你要在旁邊指導他），這樣他就會有參與感。

- 買好穿的衣服，像是有鈕釦的襯衫或領口很寬的T恤，就不用把窄領口的衣服從孩子頭上套下去。
- 確認衣服合身，太小穿起來難免會不舒服。

中度狡猾指南：用點小技巧

- 把穿衣服變成一場比賽：「我們來看看，數到二十之前，能不能幫你穿好衣服！」
- 軟硬兼施說服他：「如果你想去動物園（博物館／玩具店）的話，就要把衣服穿上。」
- （盡量）教孩子自己穿。把衣服的照片貼在衣櫥抽屜上，他就知道每件衣服放在哪裡。

輕度狡猾指南：給他選項，簡單有效

「你想要穿這件還是那一件？」
「你想先穿褲子還是衣服？」
「你想站著穿還是躺著穿？」

玩點小遊戲

服飾店

把穿衣服變成角色扮演遊戲，你演店員，孩子是客人。以下是對話參考，請依你們的需求潤飾或修改用詞。

你：早安。在找想穿的衣服嗎？
孩子：對！

你：那你來對地方囉！給你看我們今天有什麼貨。（拿出兩件衣服）今天有兩件好漂亮的衣服在特價喔！你喜歡哪一件？

（孩子挑其中一件）

你：選得好！我們來看看合不合身。（讓孩子穿上衣服，帶他到鏡子前）那現在你還想看什麼衣服呢？要不要看看褲子？

孩子：好！

你：好的，我們來看看，你喜歡這件還是這件？（拿出兩件褲子，讓孩子選一件）太好了，我們來試穿看看。（幫他穿上褲子，帶到鏡子前）

遊戲繼續進行，直到寶貝穿好全身的衣服為止。別忘了，最後要請他付錢！

如果孩子跟你槓上了

建立一套固定的早晨儀式，並跟孩子一起好好遵守。從孩子還小的時候就開始著手，並思考要把穿衣服的環節加在哪裡，例如早上起床的第一件事，或是吃完早餐再換。持續堅持執行，孩子最後會理解，穿衣服是早晨事項的一環，沒有商量空間，之後抵抗、掙扎的力道就會小一些。

邊唱邊做，減少抗拒

穿衣歌

伴奏：*Hokey Pokey*

把右手放進來
把右手拿出來
把右手放進來（把孩子的右手穿進袖子裡）
再把手甩一甩
你穿上衣服之後，再轉個圈
這樣就完成了

重複這首歌，歌詞改成其他身體部位，直到全部衣服都穿好：

把左手放進來（左手袖子）
把右腿放進來（右邊褲腿）
把左腿放進來（左邊褲腿）
把右腳放進來（右腳襪子和鞋子）
把左腳放進來（左腳襪子和鞋子）
把自己放進來（穿上外套）

❷ 穿了又亂脫，怎麼辦

你知道，如果在狗的腳上綁寵物繃帶，牠就會急著想用嘴巴扯掉嗎？這就是為什麼許多狗狗看醫生之後，主人會幫牠戴上塑膠頭套的原因。

你不想讓孩子脫掉一定要穿著的衣服，所以用相同的方式約束孩子，這樣做不實際（也不合法），但理由是差不多的。因為孩子就跟小狗一樣，討厭活動時被束縛的感覺。

事前準備

- **如果你要對付的是裸體成癮的孩子，請購買難脫的衣服**。有拉鍊或魔鬼氈的衣服好穿卻也好脫，所以，請選擇有鞋帶的鞋子（並打兩個結）和有鈕釦的外套和襯衫，也可以買釦子要從胯下扣到胸口的連身衣。

- 教孩子自己穿衣服，接著讚美、讚美、再讚美，告訴孩子你對他有多驕傲，像是「你會自己穿衣服，真的很棒」，這對他會是很大的鼓勵。
- 告訴孩子，到了目的地之後，就一定要穿上（例如帽子、外套、手套等），但在車上可以脫掉，這可以讓孩子用有尊嚴的方式同意你的要求，並感覺自己是獨立的。

中度狡猾指南：用點小技巧

- 在外套袖子、手套掌心、帽子等地方畫上或縫上一些臉孔，最好是孩子熟悉的角色。對孩子來說，如果衣服不只是衣服，而是一位朋友的話，他會比較願意穿上。
- 同理，想讓孩子好好穿著，動物圖案的帽子、外套、手套，會比一般素面的服飾更有效。

●溫暖絨布做的萬聖節服裝，可以在孩子不願意穿防寒大衣時當作緊急備案。此外，小孩穿獅子裝或貓咪帽子的意願，通常會比較高。

●如果他討厭戴帽子，可以改戴耳罩，約束感比較小、比較不熱，但至少可以保暖耳朵，而且還有鴨子、熊、企鵝等造型。

輕度狡猾指南：給他選項，簡單有效

「你想穿這件還是那件外套？」
「你想戴一般手套還是連指手套？」
「你想先穿外套，還是先戴帽子？」

如果孩子跟你槓上了

有疑慮時，就用洋蔥式穿法，冬天至少要包三層，這樣外套脫了還有兩層在身上。下半身就給孩子穿發熱褲或內搭褲。

3 再不出門就要遲到了

有時，孩子玩得太開心，完全沒考慮到要離開（比如頭上蓋著鍋子繞圈跑真的好好玩）；有時，則是他累到一步都走不了（這時候他會變得軟趴趴，賴在地上或你身上）。不管是什麼情況，想辦法讓孩子動起來總是一場挑戰，不管是出門或在街上走都一樣。

事前準備

- 如果知道待會要動身，請提前至少一至兩個小時通知孩子，讓他有個心理準備。準備要走的幾分鐘前再提醒他一次。

- 讓孩子挑一個東西帶著出門，這麼做會讓他對出門這件事有參與感。
- 熱切討論你要去的地方，如：「不知道去奶奶家的路上，會不會看到彩虹呢？」（反向討論也很有效，如：「希望我們到的時候還買得到冰淇淋，因為我們拖——太——久——啦。」）
- 請孩子負責準備好他的娃娃或玩具，以便準時出門。

中度狡猾指南：用點小技巧

- 「看誰最快跑到那個轉角！」這個老伎倆在很多情境都用得上，但在這裡特別好用。請孩子負責喊「預備……開始！」並開始比賽。讓他贏，並持續向他挑戰，直到抵達目的地。
- 賽跑比賽的另一種版本：「你覺得，你可以在我唱完字母歌之前跑到那個轉角嗎？」
- 記下目的地途中有什麼路標或亮點，並在路上熱情的指給孩子看，讓他有前進的動力。「你看！馬的雕像欸！鴨子耶！好酷的植物喔！我們去看看吧！」或「我們待會會經過一個超大的甜甜圈喔！看到了嗎？」

●玩「跟著前面走」或「行進樂隊」的遊戲，跟孩子輪流當帶頭的人。行進時別忘了發出樂隊行進「嗡～叭！嗡～叭！」長號的聲音。

輕度狡猾指南：給他選項，簡單有效

「你想快走還是用跑的？」
「我們要用走的嗎？還是坐推車？」
「你想跟我並排走，還是我們排成直線走？」

玩點小遊戲

把平常的漫步變成鬼抓人遊戲，說：「你抓不到我！」或「你當鬼！」接著跑走（注意不要跑太遠，不然會顧不到孩子）。孩子開始追，你們就等於在路上了。等他抓到你，就換你追他，以此類推。

如果孩子跟你槓上了

• 記得，孩子準備出門的時間往往都會比預期多兩倍。所以，如果你以往習慣用十五分鐘準備，就把十五分鐘乘以二，算三十分鐘。

• **善用「抓了就跑」的好用老伎倆**，如果抓他時，你面帶微笑且行為滑稽（把他抱起來像飛機飛高高、上下顛倒，或像扛一大袋馬鈴薯一樣把他背在肩上），即使你是違反孩子的意願把他拖走，他也可能會開心的笑出來。

4 看醫生變好玩

讓孩子自在看醫生絕不是容易的事，就算他沒有在卡通或電影裡看到壞醫生，也還是很難。

因為在孩子出生的頭幾個月，每次看醫生就是打針、被戳、被刺，或跟一群病懨懨的孩子在一起；牙醫則是把他放在看起來很可怕的椅子上，還拿著奇怪的工具逼他打開嘴巴。

但其實，只要一些事前準備和幾個狡猾小絕招，看似必要之惡也可以成為好玩的出遊體驗。

事前準備

- 當你要看醫生時，請告訴孩子，這可以讓他理解，原來看醫生是每個人都會做的事。狀況允許的話，當你需要看診時帶著他，這樣可以讓他知道看醫生會發生什麼事，之後輪到他時就比較不會怕。
- 找知道怎麼應對兒童的醫師，觀察重點之一是他的診所看起來很「好玩」，像是候診區有很多書、玩具、遊戲（甚至有讓孩子看診時抱著的玩具）。你可以詢問醫生他會如何處理焦慮的孩子。
- 把醫生當作你偶爾會見一次的朋友。孩子要看病時，別說「我們要去看雅各醫生的門診」，而是用熱情的語氣說：「今天要去看我們的朋友、雅各醫生喔！」
- 盡量早點掛號，這樣看診後就有更多時間可以做好玩的事，也比較能準時看診，減少會讓孩子不耐煩的候診時間。

中度狡猾指南：用點小技巧

- 在家玩醫生看病的遊戲，可以跟孩子玩，也可以用娃娃和絨毛玩具。用玩具聽診器「檢查」孩子身體，並用鏡子和牙刷檢查牙齒，接著請孩子也對你（或對娃娃）做一遍。
- 幫娃娃和絨毛玩具餵藥、打針，讓孩子做心理準備。如果真的要打針了，就跟他解釋，打針就像輕輕捏一下。
- 事先規畫一個看診後的特殊行程（當然得是孩子沒有生病時），下次要看醫生時就能以此作為誘餌，如「猜猜我們今天看完醫生之後要去哪？兒童博物館！」

輕度狡猾指南：給他選項，簡單有效

「今天看完醫生之後，想吃冰棒還是冰淇淋？」

「今天想要帶什麼書（玩具／娃娃）去看醫生？」

「今天想跟＿＿＿＿醫生拿貼紙還是玩具？」

「我們來數數你有幾顆牙齒，這樣你就可以跟＿＿＿＿醫生說你現在長了幾顆牙齒喔！」

玩點小遊戲

看醫生的時候我看到……

就跟開車時的經典遊戲「旅行的時候我看到……」一樣，「看醫生的時候我看到……」非常適合在候診室或看醫生的路上玩。透過這個遊戲，你可以談論看醫生時會看到的東西，卻又不會讓這些東西聽起來很嚇人。

1. 孩子先開始，說：「看醫生的時候，我看到＿＿＿＿」，請他講一個在診間會看到的物品。

2. 接著你說：「看醫生的時候，我看到＿＿＿＿和＿＿＿＿」，先講孩子說的那個物品，再加一個新的。

3. 換孩子說：「看醫生的時候，我看到＿＿＿＿和＿＿＿＿和＿＿＿＿」，先講第一個物品，再講你剛才加的，最後是他新講的物品。

4. 以此類推，玩到你們覺得無聊或輪到你們看診為止。

如果孩子跟你槓上了

如果孩子對看醫生的恐懼明顯可見，請不要忽視他的感受，而是要認可他擔憂的情緒，並把對話轉移到看醫生有趣的地方，像是：「我知道要看醫生，你很緊張，但一切都會沒事的。醫生會檢查你的耳朵，看有沒有小貓咪躲在裡面喔！」

邊唱邊做，減少抗拒

好開心

伴奏：詹姆斯．布朗
（James Brown）/ *I Got You (I Feel Good)*

我好開心　嘟嚕嘟嚕嘟嚕嘟
希望醫生沒遲到　嘟嚕嘟嚕嘟嚕嘟
我好開心　嘟嚕嘟嚕嘟嚕嘟
希望我們不用等　嘟嚕嘟嚕嘟嚕嘟

好棒！好棒！
我吃得很健康
嘟、嘟、嘟、嘟、嘟、嘟！

生病版*

我生病了　嘟嚕嘟嚕嘟嚕嘟
希望我快快好　嘟嚕嘟嚕嘟嚕嘟
我生病了　嘟嚕嘟嚕嘟嚕嘟
醫生知道怎麼辦　嘟嚕嘟嚕嘟嚕嘟
生病！生病！
醫生快幫我
嘟、嘟、嘟、嘟、嘟、嘟！

＊在準備出發看診或候診時，可以唱這首歌。

5 就是不想上學！

有些孩子每天都期待著上學，但如果你家小孩不是這樣，就得花點心思克服他天生的反抗心理了。身為家長，你要做的是大聊上學日，把上學塑造成最佳選擇，讓它聽起來很好玩。

事前準備

- 孩子一醒來，你就開始聊上學的事，而且要用輕鬆的語氣，不要講得太誇張，也不要語帶抱歉，只要把上學講成日常生活的感覺就好。
- 讓他參與準備上學的任務，例如衣服，你可以問孩子：「你今天想穿什麼去學校？」或一起決定要穿哪雙鞋子或哪件外套。

- 挑一個特別的物品或玩具，讓孩子帶去學校給同學或老師看。
- 建立特別的上學和放學儀式：在出門前或開車載他上學的途中，播放特別挑選的「上學專用歌」；放學後到公園玩耍，或吃冰淇淋、喝果汁。
- 記住學校其他孩子的名字，尤其是常跟你家寶貝玩耍的那幾位好朋友，並在準備上學時提到他們。

中度狡猾指南：用點小技巧

- 從學校行事曆中，找出當天可以大肆宣揚的活動。例如跟孩子說：「今天很特別喔，因為今天上學的主題是畫畫／音樂／烹飪／說故事！」只要你語氣興奮的強調，他也會開始興奮起來。
- 跟孩子說，有乖乖上學的日子就是「許願日」，並在接他放學時讓他許願，許什麼願都可以。

- 帶孩子買上學用的物品，如餐具、背包、新外套等。讓他挑自己很喜歡的物品，但告訴他只有上學可以用。妙妙犬布麗（Bluey）餐具和蜘蛛人背包的威力是很強大的。
- 請寶貝幫忙，一起**畫一張「上學地圖」**，畫出每天送他上學的路線。把地圖放在特別的地方，要出門時跟孩子說「別忘了帶地圖喔！」告訴他，**你需要他幫忙看地圖，才能記得去學校的路**。

輕度狡猾指南：給他選項，簡單有效

「今天想帶義大利麵還是三明治去學校？」
「今天上學想走正常路線，還是那條祕密路線？」
「今天想穿紅色還是藍色的毛衣？」

玩點小遊戲

叫叫遊戲

告訴孩子，你想在上學路上跟他玩「叫叫遊戲」。這個遊戲無論是開車或走路都可以玩。

1. 事先決定好要請孩子發出幾種聲音（一種聲音大概可以玩一分鐘）。
2. 遊戲開始，你先說：「我聽到了＿＿＿在叫的聲音，＿＿＿（發出該動物或物品的聲音）！」
3. 孩子在想的時候，哼一點「思考時間配樂」。如果對益智節目的配樂不熟，可以唱字母歌。
4. 孩子回答後，就換你，直到你們抵達目的地。
5. 記下分數，花式讚美孩子，以便下次繼續玩這個遊戲。

如果孩子跟你槓上了

- 如果孩子對上學過於抗拒，可能表示他覺得上學很無聊，或有害怕、焦慮的情緒。請試著深入核心，不是處理抗拒的現象，而是處理問題源頭。
- 確保孩子早餐吃得營養，與前一晚睡眠充足。當孩子能量不足時，要讓他出門很困難，可以考慮讓他早上固定吃一些維他命。

邊唱邊做，減少抗拒

今天要上學

伴奏：〈兩隻老虎〉

今天星期一　今天星期一
一整天　一整天
星期一要上學　星期一要上學
一整天　一整天

＊每天準備出門上學時都唱這首歌，並將歌詞換成正確的日子。

6 太陽好大，要擦防曬

難得的度假日，陽光明媚，你正準備要享受這美好的一天，卻突然聽到你的小天使口中冒出這句話：「我不要塗防曬乳！」一場追逐戰接著展開。等孩子擦完防曬，你的一天才能真的開始，這一切聽起來很殘酷，但沒其他辦法。在防曬浴或防曬膠囊問世之前，你只能手動處理。

事前準備

- 首先**最重要的**，**就是讓孩子知道他沒得選**。會晒到太陽，就要擦防曬乳。
- 在出發前往目的地之前，就擦好防曬，理想時機是換衣服時或出門前，這樣才不會黏到沙塵髒汙。

- 善用電視，擦防晒乳時開兒童節目給他看——大多數孩子只會專心看電視，不會注意到你對他做了什麼。
- 讓他自己來，你只要當他的「幫手」，負責處理他沒擦到的地方就好。
- 如果孩子很討厭擦防晒乳，但你們要去海邊玩，可以買一套防磨衣（水母衣），這樣一來，防晒乳就只需要塗孩子的臉、手和腳。
- 盡可能避免防晒乳進到孩子的眼睛裡，因為這非常痛，且會讓他從此看到你拿防晒乳就抗拒。臉部塗防晒時，請拿張衛生紙或毛巾蓋住他的眼睛。

中度狡猾指南：用點小技巧

- 別說「防晒乳」，改說「魔法乳液」，可以形成「魔法盾牌」保護孩子不受陽光傷害。
- 假裝防晒乳可以為孩子帶來其他好處，像是可以變得更會游泳，或變成隱形人、大力士等。

● 如果選用的是會泛白的氧化鋅防晒乳，可以把擦防晒的過程轉化為美術創作，在孩子身上畫畫。塗一些防晒乳在寶貝的肚子上，抹開之前用手指畫一些圖案。換你擦防晒乳時，也讓他在你身上畫畫。

● 可以用本來就要做的事情來誘導他：「擦好防晒，我們就可以去海邊囉！」如果目的地不太討喜，就得想一個本來不存在的誘因，如：「擦好防晒，就讓你選在車上聽什麼音樂／出發之前讀一個故事。」

● 買一個手偶造型的洗臉毛巾（賣場或百貨公司均有販售），用這個毛巾幫孩子擦防晒乳。鴨鴨幫忙擦防晒比你有趣多了。

● 去海灘或野餐時，帶一支筆刷和一個小碗。讓孩子用筆刷沾取防晒乳，自己塗到身上。你可以在他「作畫」時協助他抹開，順便檢查沒塗到的地方。

輕度狡猾指南：給他選項，簡單有效

「你想要我幫你塗防晒，還是爸比幫你？」

「你想要擦粉紅色的防晒乳，還是綠色的？」

「想先從腳開始，還是鼻子？」

「要在你的肚子上畫一隻老虎還是鯊魚呢？」

玩點小遊戲

塗防晒比賽

如果你們有兩個大人、兩個小孩，可以組隊比賽，看誰先全身完整擦好防晒（大人跟大人比、小孩跟小孩比）。如果大人或小孩只有一個，就跟自己比，看能不能比前次最佳成績還要快。但不管用什麼方式比賽，都請孩子大聲讀秒。

如果孩子跟你槓上了

- 說之以理，挑起他天生想自我保護的欲望。向他解釋陽光的傷害，把重點放在曬傷帶來的短期痛苦上。
- 趁孩子繫著安全帶或坐在推車裡時，幫他擦防曬。場面通常不太好看，但至少能完成任務。

邊唱邊做，減少抗拒

擦擦防晒歌

伴奏：*Rub a Dub Dub*（*Three Man in a Tub*）

擦呀擦擦　我們擦防晒
擦在誰身上？
擦在你身上！ 嘟嚕嘟嘟
全身塗滿為止！

加碼歌曲
手臂防晒歌

伴奏：*Row, Row, Row Your Boat*

擦、擦、擦手臂（腿腿、臉臉）　擦得閃亮亮
有太陽你也不用怕　有防晒擦擦

第 3 章

安靜一秒鐘就好，很難嗎？

1 陌生人太可怕

對有些孩子來說，認識陌生人很可怕。面對不認識的人，他會非常害羞，表現出不知所措的樣子。同時，你也會覺得有點尷尬，因為有個懷抱善意的大人蹲下來跟孩子打招呼，而你那平素微笑有禮的寶貝，此時卻躲到你的右腿後頭。

事前準備

- 有人要來拜訪時，提前告知孩子，讓他做好心理準備。可以的話，給小孩看看客人的照片，並討論客人即將來訪，你們可以做些什麼招待他。
- 花點時間玩認識人的角色扮演遊戲。你演孩子，他演陌生人。

• 降低標準。如果眼神接觸對小孩來說太困難，請他跟新認識的人打招呼時，看對方臉上的其他部位。

中度狡猾指南：用點小技巧

• 你假裝害羞，躲到孩子後面，而不是讓孩子躲你後面。這個荒謬的景象應該會讓他笑出來，就可能打破僵局。

• 提前告知客人，請他第一次跟孩子見面時，給孩子一些空間。如果你家寶貝有喜歡的食物，或你知道他喜歡什麼東西，可以準備好，請客人送給孩子。

輕度狡猾指南：給他選項，簡單有效

「你想說哈囉還是你好？」

「你想要握手還是握腳？」

「你想問他叫什麼名字，還是他幾歲？」

玩點小遊戲

「Hello! Bonjour! Hola!」打招呼日

跟孩子玩這個遊戲，不僅能讓他更放得開，也可以教他不同語言。可以使用下列表格（或你自己製作的版本，除了各國語言之外，也可以加上方言），請孩子決定今天是哪個語言的「打招呼日」。

他的目標是，一整天下來，盡可能對越多人用那個語言打招呼。

Hello	英語
こんにちは（Konnichiwa）	日語
안녕（Annyeong）	韓語
Bonjour	法語
Hola	西班牙語
Guten Tag	德語
שָׁלוֹם（Shalom）	希伯來語
Привет（Privet）	俄語

如果孩子跟你槓上了

拜訪結束且客人離開之後，跟孩子敞開心房交談。告訴他，你知道認識新的人或遇到不記得曾見過的人，是件很困難的事，但你希望他可以學習怎麼做，下一次再試試看。

請他跟你說一件下次遇到客人時可以嘗試的事情，例如：跟對方說「你好」、握手、不躲在後面等。

請注意：**永遠不要強迫孩子親（或抱）他不認識或感覺不自在的對象**。這是孩子的人生課題，你不該把自己想讓親戚阿姨開心的欲望，看得比這件事還重要。

邊唱邊做，減少抗拒

認識新朋友

伴奏：〈如果你很高興你就拍拍手〉
（*If You're Happy and You Know It*）

認識新朋友時　你就說：「哈囉！」
（揮手）「哈囉！」
認識新朋友時　你就說：「哈囉！」
（揮手）「哈囉！」

認識新朋友呀　他對你好好唷
認識新朋友時　你就說：「哈囉！」
（揮手）「哈囉！」

你的____來了　給他抱一個（抱一個）
你的____來了　給他抱一個（抱一個）
給你____大抱抱　因為他（們）好喜歡你
你的____來了　給他抱一個（抱一個）
（可以代換朋友的名字、阿姨、叔叔、姐姐……）

＊帶孩子前往沒去過的社交場合之前可以唱這首歌。必要的話，正在認識新的人時也可以唱。

2 對人表達感謝

想像你是個小孩，你等了一整年，生日終於要到了，節日似乎總是來得不夠快。大力拆掉禮物的包裝紙，在眾人面前把場面搞得亂七八糟，沒有什麼事比這個更有滿足感了！

但很快的，你的興奮變成了恐懼，因為你看到媽媽正在記錄誰送了什麼。你知道再過幾分鐘，就會聽到那句沉重的話：「你要謝謝大家送你生日禮物，所以這週你得寫完感謝信、寄給大家。」有夠掃興！

當然，身為家長，你想要讓孩子養成珍惜禮物、感恩送禮者的習慣。你期望他能理解，大家是花自己的辛苦錢買這些禮物，而感謝信就是一種認可送禮者努力的小心意。

事前準備

- 在生日、假期等送禮的活動前，跟孩子說明，你期待他可以為送禮者寫封特製的感謝信（或傳一小段感謝的訊息）。如果這成為你們家固定會做的事，孩子想要反抗就會變得比較困難。
- 讓孩子看見你也會寫感謝信，紙本或電子都可以。讓他幫忙你，並約定好下次幫他寫。
- 讓孩子有參與感，邀請他一起整理通訊錄或學校同學清單，降低寫感謝信的壓力。
- 活動前，買一些兒童適用的卡片，還有印章、貼紙等有趣的材料。
- 把準備感謝信納入孩子的藝術活動中，例如雨天不能出門時，就可以趁機製作萬用的手工卡片。

中度狡猾指南：用點小技巧

- 平時就蒐集一些有趣的印章和印泥，即使是買現成的卡片來加工，也能增添手作的味道。使用前請檢查印泥是否乾掉。
- 不要拖好幾天或好幾週才做。請孩子在收到禮物後，盡快送出感謝信（訊息），下一次才不會感到恐懼。

輕度狡猾指南：給他選項，簡單有效

「你想挑幾張現成的感謝卡，還是自己做？」

「你想用線上電子卡片，還是手寫？」

如果手寫對孩子來說難度太高，或年紀太小還不會寫字，傳電子郵件或訊息也可以。或者，錄一段孩子拆禮物、說「謝謝」的影片，接著協助孩子打一篇感謝訊息。盡可能讓他自己打字，或至少讓他選擇要加什麼表情符號。

若對方關係較親近、輕鬆，可以讓孩子用打字或錄影的方式表達感謝，以節省他的時間及精力；這樣一來，針對像是祖父母這種可能比較喜歡收到手寫信的對象，他也會比較有精力手寫感謝信或手作卡片。

如果孩子跟你槓上了

不讓他使用或玩禮物，直到他寫好感謝信為止。想玩就要付出代價，寶貝！

3 爸媽也需要出門放鬆！

你打算出門放鬆一個晚上。現在，你的大逃脫計畫一定要成功。成功脫身的關鍵，就是讓孩子有心理準備，以及做好萬全規畫。

事前準備

- 提前讓孩子知道你什麼時候要出門，用視覺提示幫助他做好心理準備，例如：給他看行事曆、做一份倒數日曆、串個紙圈並每天拿下一個紙圈來倒數等。小孩的個性、年齡，以及他與其他照顧者獨處的經驗等，都會影響你需要多早讓他知道你不在家的事。有些孩子如果太早知道會過度焦慮，有些則需要足夠的時間做心理準備。

●讓他覺得這種事再正常不過。可以請鄰居或孩子認識的其他小孩和大人分享，跟保母（或祖父母、阿姨、叔叔等照顧者）在家是多麼美好的事情。

●確認孩子知道誰會來照顧他。理想情況下，你的孩子應該要在這個重大約會來臨之前，就已經跟這個照顧者相處過。

●讓孩子知道保母會跟他做些什麼，像是告訴他：「吃完晚餐後，保母會唸故事給你聽、陪你刷牙、再陪你上床睡覺。」

●請讓孩子知道你們會怎麼說再見，以及何時說再見，例如：「講完一個故事、抱一個之後，我們就會出門了。」重點是：說到就要做到。如果你因為他賴皮說：「再講一個故事嘛！」就讓步，等於是告訴孩子你其實沒有一定要出門。雖然，事實可能真是這樣，但只要你還想出門，就不要把這點表現出來。

●寫下重要育兒指示和緊急聯絡人的電話號碼（例如小孩的祖父母）給保母，這樣一來，如果有狀況可以先打電話給其他人來處理，不一定要你出馬。

中度狡猾指南：用點小技巧

• 趁孩子分心玩耍時離開，像是孩子跟保母玩、看電視、看書、四處跳舞時。可以買一個新玩具或準備一部新影片交給保母，請他幫忙讓孩子分心。

• **道別時，一定要保持正向情緒、自信滿滿，最重要的是──動作要快**。不要停留，也不要愁容滿面，只要簡單說個再見，叫孩子好好玩，並告訴他你很快就會回來即可。

• 道別前，把出門所需物品（鑰匙、錢包、保齡球等）放在門邊或車裡，這樣你就可以快速且輕鬆的離開。

• 編一個故事給孩子聽，內容是晚上父母出門去，孩子一開始有點難過，也有點害怕，但後來跟保母玩得很開心。詳細描述孩子跟保母做了哪些事，玩得有多開心。結尾說：「爸媽說的事都有做到，小小孩的爸媽準時回到家，到房間看看睡著的小寶貝，在他臉上親一個。」

輕度狡猾指南：給他選項，簡單有效

「————（保母名字）今天晚上會來跟你一起吃晚餐，所以今天可以吃點特別的，你想要吃什麼？」

「媽媽和我等一下就要出門了，但我們可以唸一個故事給你聽，或玩一場遊戲再出門，你想要哪一個？」

「你想給我再見親親，還是再見抱抱？」

玩點小遊戲

揮手再見遊戲

拿好外套、抱了孩子之後，可以玩「揮手再見遊戲」，讓離開變成好玩的遊戲。簡單來講，就是走出門時，用有趣的方式揮手道別，並請小孩模仿你。不要做超過三個揮手的手勢，不然你會逗留太久。

揮手姿勢參考：

- 從大腿之間。
- 從頭上。
- 從背後。
- 大拇指相扣並揮舞其他手指，像小鳥一樣。
- 雙手合十，開口向前一張一闔，像是鱷魚一樣。
- 分別用一至五隻手指揮手。

如果孩子跟你槓上了

照樣出門放鬆，讓保母安慰孩子。這可能需要花一點時間，但他一定會冷靜下來。而且，你真的需要出門放鬆一下。你快樂，孩子才會快樂。

邊唱邊做，減少抗拒

再見，媽咪

伴奏：*Goodnight, Ladies*

再見，媽咪
再見，爸比
再見，爸媽
我們在夢裡見

＊可以在跟孩子擁抱道別時唱這首短短的歌。當然，你可以把歌詞換成其他家長或監護人，如爸比或爸爸、媽咪或媽媽、爺爺和奶奶、艾琳和喬治等。

4 到爺爺奶奶家住

傳說中的那個時刻來了。你需要的不再只是一次出外晚餐跟一場電影，而是一段沒有孩子的高品質時光——一段假期。

不論孩子會跟其他人待在家，或到你信任的大人家裡，重點是讓孩子參與準備的過程，讓沒有你的時光聽起來既特別又好玩。

事前準備

- 告訴孩子可以和照顧者做什麼特別的事，如去動物園、烤餅乾等孩子會覺得很特別、很好玩的事。

- 告訴孩子你什麼時間會打電話給他，也請你務必遵守承諾！同時，一定要讓小孩知道，照顧者有辦法聯絡到你。
- 如果孩子這段時間不會住家裡，請把他所需的物品都打包好，讓他看到自己最喜歡的杯子等物品，都會一起去。此外，事前跟照顧者確認，孩子熟悉的其他必需品皆已備妥，例如他喜歡的某種牛奶、果汁、水果和點心，甚至特殊場合才能吃的食物也可以準備些。
- 最好讓小孩跟你一起打包，讓他選自己最喜歡的衣服和玩具。
- 準備一本小相簿放進他的行李，以防他想你時吵著要找你。
- 和孩子一起做一本「過夜之書」，介紹你不在時會發生什麼事，書裡寫著照顧他的對象是誰、要去哪裡住、那幾天會做什麼事等。讓他幫這本書畫插圖，並連續好幾晚都陪他讀這本書。這樣一來，到你出發那天，孩子應該就知道接下來會發生什麼事。
- 做一張過夜時間表，讓他知道還要幾天，借宿才會結束。給孩子貼紙或麥克筆，讓他可以在準備睡覺前標記今天的日期，也可以把時間表當作剪貼簿，記錄他與照顧者的回憶。

中度狡猾指南：用點小技巧

- 讓爺爺奶奶（或保母）在睡覺時間、飲食等與安全無關的事情上，擁有更多自由發揮的空間，例如：給孩子多看一集他最喜歡的節目、在房間裡吃晚餐、比平常晚睡一點點等，藉以創造好玩的體驗。
- 賄賂孩子：買個禮物，包好之後放在孩子的行李箱中。給孩子看包裝完成的禮物，告訴他到借宿地點才可以打開。

輕度狡猾指南：給他選項，簡單有效

「你想帶泰迪熊還是兔兔一起去？」

「你想帶哪一條毯毯？」

「你想要我在你起床後打給你，還是晚上你要睡覺之前？」

「我不在的時候，你可以吃特別的食物，想吃什麼呢？」

如果孩子跟你槓上了

即使你已做了萬全準備，大多數孩子第一次面對爸媽不在家，都會很傷心，他會盡其所能把你留下。請多給他抱抱和親親，強調他會玩得多開心，讓他知道你會跟他保持聯絡，然後就離開吧！

邊唱邊做，減少抗拒

我們要去住別人家

伴奏：*Going on a Lion Hunt*

我們要去住別人家
我們會玩得很開心
我好開心　真的太棒了

我們要去住奶奶家
我們會玩新的遊戲
我好開心　真的太棒了

我要帶我的泰迪熊
我要帶我的小睡衣
我好開心　真的太棒了

5 乖乖坐好

幼兒的專注力只有十五分鐘左右，所以只要某個活動超過十五分鐘，他就有可能開始不耐煩。這是天性。而如果這個活動又是他真心不喜歡，或不感興趣時，他肯定會更煩躁和不安。

事前準備

- 沒有大量書籍、紙張、蠟筆（或無聲玩具）可以讓孩子玩，但又需要孩子站好或坐好的地方，就別去了。真的非去不可，就讓他選一些書或玩具帶著。
- 如果得久坐一段時間（如開車旅行或坐飛機），可以考慮帶筆電或平板，讓他看卡通影片。

- 在餐廳的話，請把孩子放在兒童座椅或兒童增高墊上，讓他困在裡面。被俘虜的觀眾就會是好觀眾。

中度狡猾指南：用點小技巧

- 若有時間的話，去孩子必須坐正不動的地方之前，先帶他到遊戲場或公園走走，讓他「放電」。
- 可以的話，不要開車或散步，而是用快走的方式去，這樣也可以消耗孩子的精力。
- 對他下一個「冰凍魔咒」，直到活動結束，魔咒才會解除，或至少等到孩子又開始煩躁的時候。此時，就請孩子對你下冰凍魔咒，接著再輪流。

輕度狡猾指南：給他選項，簡單有效

「你想坐在椅子上，還是我的大腿上？」

「你想看書還是畫畫？」

「你想要現在就停下來，還是我數到十，讓你跑十秒再停？」

玩點小遊戲

雕像遊戲

教孩子玩雕像遊戲，說你會幫他計時，看他可以跟雕像一樣靜止不動多久，並小聲讀秒。當他身體動了，請稱讚他靜止了這麼久的時間，接著告訴他，你想看看他可不可以再破自己的紀錄。

如果孩子跟你槓上了

如果事態嚴重，你可能就得硬著頭皮把孩子帶出場了。別跟他談判，直接帶離開即可。

6 帶孩子搭飛機

翱翔天際很浪漫——直到機長點亮繫緊安全帶的信號燈時，你那剛學會用小馬桶的寶寶馬上說他要上廁所，或他耳朵疼，又或者他就是想離開座位跑一跑。再也沒有悠閒看窗外或緩緩進入夢鄉的享受了，帶小小孩坐飛機就是不可能放鬆。

注意：一定要在隨身行李多放一些衣服、尿布、食物，以免班機延誤、發生意外，或行李遺失。

事前準備

- 事先跟孩子溝通，你期待他在飛機上有什麼樣的表現，並告訴他，你希望他坐好時，他就要坐好。

- 用他能理解的方式解釋飛行時間，如這趟旅程需要五集《芝麻街》（*Sesame Street*）卡通的時間。解釋繫緊安全帶信號燈的事，當他看到燈亮就知道不能離開座位。
- 登機前，讓孩子在附近繞一繞、在機場裡玩一玩，直到最後一刻。
- 可以的話，把孩子放在你跟伴侶之間，或讓他坐靠窗的座位，這樣他才不會溜走。
- 帶幾個孩子最愛的無聲玩具、很多本書、著色用具上機，也帶一些新的玩具讓他殺時間。培樂多黏土（Play-Doh）、螢光棒或小手電筒，都可以讓他玩個幾小時。**一次給一個新玩具就好，這樣才能把時間拉長**。
- 如果有飛機餐的話，在訂票時提前選擇兒童餐。就算孩子不吃，兒童飛機餐也有好玩的包裝或玩具可以玩。
- **為了減緩飛機起飛或降落時耳朵的不適感受，請盡可能讓孩子做能吸吮或吞嚥的事**，如哺乳、吸奶嘴、喝東西、吃東西、吃棒棒糖、嚼口香糖等，依孩子年齡而定。

- 登機時，請對空服員示好。如果搭乘途中小孩有任何狀況，你會需要他們的幫忙。此外，對坐在附近的人也保持禮貌，他們的耐心會派上用場。

中度狡猾指南：用點小技巧

- 下載孩子喜歡的卡通或電影到你的筆電、手機或平板上，出門前一定要記得帶。雖然你可能會覺得讓孩子用 3C 產品，顯得你是失格的家長，但這麼做，其他乘客一定會感謝你。如果不想這麼有罪惡感，也可以選一些有教育性質的內容，如不同種類的音樂、有聲書、自然紀錄片等。
- 將毛毯掛在椅背上，做一個小帳棚。這個機上小帳棚是孩子讀書和玩耍的絕佳地點（記得帶一支小手電筒給他），也可以讓他與外頭隔絕，更容易進入夢鄉。

輕度狡猾指南：給他選項，簡單有效

「我們得坐在位子上，你想要玩＿＿＿＿＿＿、＿＿＿＿＿＿，還是看書？」

「我們還不能下飛機。要不要看看有沒有其他小朋友可以一起玩，還是我們坐著畫畫就好？」

玩點小遊戲

那朵雲叫什麼名字？

試著找出像某個角色、動物、人物、形狀、字母、數字的雲。請孩子先找出五個像什麼的雲，接著換你。

如果孩子跟你槓上了

如果事態嚴重，你想趁其他乘客還沒抗議前，讓正在哭鬧的小寶貝靜下來的話，請帶著他去洗手間。沒錯，洗手間很小，但至少你可以有些隱私。

7 怎麼讓孩子小聲說話？

面對現實吧，大多數孩子都不知道自己聲音的威力有多大——可能是因為他生命的頭一年，都是用大哭或喊叫來溝通，也可能是因為他還不懂音量差異。

但不論如何，你遲早都得想辦法讓孩子安靜一點。

事前準備

- 當然！你一定得用正常的音量跟孩子說話。
- 孩子想獲得你關注，但你正在做別的事時，他最有可能大吼大叫。請讓他知道，當你在跟其他人說話，或在忙著處理別的事時，打斷你是不恰當的行為。他就是要等，要不就得用正常的音量問他想問的事情。

- 教導孩子小聲、正常、大聲的分別。悄聲說：「這樣是小聲。」並請他用一樣的音量說一次；接著，用正常的音量說：「這樣是正常的音量。」請他重複一次；最後大聲喊：「這樣是大聲！」並請他重複一次。重複幾次這樣的流程，直到他學會音量的分別。當他理解後，可以請他用小聲、正常音量、大聲來唱他最喜歡的歌。
- 孩子吼叫時，別只說：「不要叫了！」而是說：「你不需要用大叫的，正常音量我也可以聽得到。」教導孩子何時適合小聲（如哥哥在睡午覺時）、何時適合正常音量（如在餐廳時），何時又適合大聲（如孩子需要幫忙時）。

中度狡猾指南：用點小技巧

- 小小聲跟孩子說話，通常他就會回答得很小聲。
- 告訴孩子，只有他用正常的音量說話，你才聽得到他的需求。

• 如果是完全不能說話的情境，就請孩子寫出或畫出他想要或需要什麼，用指的也可以。

輕度狡猾指南：給他選項，簡單有效

「你會小小聲說話，好厲害喔！我來聽聽你可以多小聲。」

「我知道你可以叫得好大聲、好大聲，但我想知道你可以多小聲呢？」

玩點小遊戲

不說話遊戲

小聲告訴孩子，你們要一起玩「不說話遊戲」，也就是問問題時不能說話。例如：孩子想吃東西時，請他先指指自己，再做出吃東西的動作；如果想看書，請先指他自己，再做出看書的動作，以此類推。

每次他用不說話的方式跟你傳達訊息，就得一分。每得十分，就可以得到一張貼紙或其他小獎品。

如果孩子跟你槓上了

別回應他的需求，直到他用正常的音量說話為止。

8 不爽就大哭

想讓孩子不哭，其實我們可以執行幾個策略，不過，也要看他哭的原因是什麼——受傷、挫折情緒，還是想控制家長。

想改變孩子天生用哭當作溝通方式的傾向，可能有點難，畢竟至少在出生頭一年，哭是他唯一能用的溝通方式。

事前準備

- 可以**教幼兒幾個重要的寶寶手語**（參考左頁表格，大約六個月大之後就可以學），讓他表達自己的需求。簡單的手語不僅可以賦予孩子溝通的權力，讓他訴說他想要或需要什麼，還可以讓他知道，清楚易懂的溝通是得到想要東西的最佳方式，而不是用哭的。

小孩學寶寶手語其實很簡單，只要你每一次講出相關字詞時，同時把手語比出來就可以了，孩子終究會學起來。要有耐心，並細心觀察，因為孩子比的手語可能不會跟你完全一樣。

- 別對孩子說「不要哭了」，而要說「你用哭的，我會聽不懂你說什麼，但如果你停下來好好說，我就能幫你」。
- 認可他覺得受傷的原因，

你可以教小小孩的寶寶手語

還要	雙手手指併攏，指尖對指尖放在胸前，並互相點一點。
吃	慣用手的五隻手指併攏，放在嘴巴前，接著反覆碰觸嘴巴。
喝	手像拿杯子一樣，做出喝東西的動作。
牛奶（或母乳）	手放在胸前張開和握緊，像在擠牛奶一樣。
媽媽	張開手掌，用拇指輕拍下巴。
爸爸	張開手掌，用拇指輕拍額頭。
睡覺	手掌張開放在額頭上，接著把手移至下巴時合攏手指。
都做完了	雙手張開在胸前，接著前後扭轉雙手，露出手掌到手背。

讓他知道你感同身受。例如：「我知道你真的很想去公園玩，但現在外面在下雨」、「我知道你想要拿著剪刀跑來跑去，但這點子不太好，因為你很有可能會受傷喔」等。

- 如果還是找不到他哭的原因，那可能就是他想表達累了或餓了。

中度狡猾指南：用點小技巧

- 掌握誤導的藝術。這個情況就是新玩具、玩偶等分心事物出場的時刻，甚至是語氣熱切的說「你看那棵樹！」都可能讓孩子不再哭泣。如果孩子哭是因為有人拿走他手上的東西，那就馬上換另一個東西給他。
- 如果孩子哭鬧是因為受了點傷，可以先給他一個擁抱，接住他的情緒。等孩子比較平靜了，再跟他一起調查剛才受傷或跌倒的原因。
- 如果孩子受了點小傷（如撞到頭或膝蓋擦傷），通常可以透過重現「犯罪現場」讓孩子停止哭泣。假裝自己在調查孩子受傷的起因，並說：「你是怎麼跌倒的呢？你那時候是這樣跑跑跑……（學孩子跑步的樣子）然後，你像這樣絆到樹枝……（假裝絆倒）之後你就這樣哭（哭得很誇張、很搞笑）。」這樣的表演通常可以緩和孩子的傷心，讓他笑出來。

- 也可以用搞笑的方式重演一遍，就像你沒有看到真實情況一樣。例如：「我的寶貝！你跌倒了……你是怎麼……哇喔！（假裝跌倒）哇，這樣真的好痛！」對孩子來說，沒有比看到爸媽跌倒更好笑的事了。

輕度狡猾指南：給他選項，簡單有效

「要不要先讓我抱一下，再告訴我剛才發生什麼事？」

「你想要告訴我為什麼不開心嗎？還是我來猜猜看？」

「你是不是受傷了？還是你很害怕？」

如果孩子跟你槓上了

- 冰棒或棒棒糖通常能治百病。
- 就讓他哭吧，有時候孩子就是需要自己度過這一關，沒來由哭的時候更是如此。

邊唱邊做，減少抗拒

傷心安慰歌

伴奏：〈如果你很高興你就拍拍手〉

如果覺得傷心你就哭一哭
如果覺得傷心你就哭一哭
如果覺得傷心　很想表達出來
如果覺得傷心你就哭一哭

在不同情境使用以下不同版本的歌詞：

如果你受傷了就揉揉____（受傷的部位）
如果你生氣了那就跺跺腳（跺跺你的腳）
如果覺得累了就快去睡覺（發出打呼的聲音）
如果脾氣壞壞你就說哼哼！
如果瘋瘋顛顛你就這樣做（做耍笨的動作）

＊邊唱這首歌，邊給孩子安慰的親吻和擁抱，可以幫助他平靜下來，同時也轉移他的注意力。

9 不哭，但碎念或抱怨

抱怨，是一項流傳已久的兒童溝通策略，也是家長不得不應付的超級煩心事之一。為什麼孩子總愛抱怨？一部分是因為抱怨可以操控你的情緒，孩子知道他一哭，你就會有反應，而抱怨可以被視為「哭」這種極端做法的溫和版本。不想讓他再抱怨，就要想辦法堅定的告訴孩子：抱怨不容接受，想提出要求，有更好的方式。

事前準備

- 趁早教孩子如何禮貌發問，讓他知道說「請」比抱怨或哭鬧還有用。在他做得很好的時候，稱讚他：「謝謝你說話這麼有禮貌。」

- 像「不要再抱怨了」這種斬釘截鐵的指令，通常都沒什麼效，你可以試試看這麼說：「寶貝，請好好用說的，我一定會幫你。你知道我不喜歡你抱怨。」
- 教孩子自立自強：「你想要什麼，可以的話就自己去拿。」
- 不要用沮喪或憤怒的語氣回應，否則你只是以大人的立場，要求他改掉抱怨行為而已。

中度狡猾指南：用點小技巧

- 打趣的反抱怨回去。跟孩子說：「你知道我不喜歡你抱怨，如果我每次想請你做什麼，都用抱怨的方式會怎樣？（換成抱怨的語氣）我們一定要走了啦，你為什麼不穿外套？我真的、真的想要你穿上外套啦……。」真實呈現孩子抱怨的樣子，加上看到爸媽抱怨的荒唐景象，應該可以讓他理解這是多傻的事。
- 假裝「抱怨」是一隻亂叫的小動物，對孩子說：「你有聽到嗎？那個抱怨的聲音？好像是從你這裡發出來的，但不可能啊，因為你想要什麼的時候，一定會用正常的音量說『請』。所以，一定是有小牛或小狗狗藏在哪裡……說不定是藏在你的口袋裡喔，我們來看看。」孩子聽了，應該就能理解你想表達的重點。

輕度狡猾指南：給他選項，簡單有效

「你用抱怨的，我就聽不懂了，請你用正常的方式再說一次。」

「不然你用唱的試試看，因為抱怨沒有用喔。」

玩點小遊戲

抱怨罐

1. 拿一個小罐子，貼上寫著「抱怨罐」的標籤。請孩子在標籤上畫圖，讓他有參與感。

2. 放十至二十個孩子喜歡的小東西到罐子裡，可以是貼紙、彈跳小球、塑膠動物玩具等。
3. 跟孩子說明，如果他一整天都沒有抱怨，就可以從罐子裡拿一個獎品。
4. 罐裡獎品減少的時候，記得補足。

如果孩子跟你槓上了

不要因為聽到煩了就妥協或屈服，不然這就等於告訴孩子，他想要什麼，抱怨就有機會得到。請置之不理，直到他忍受不了自己的抱怨聲（或抱怨到累了）而停下為止。

10 小小孩大挑戰：鬧脾氣

幾乎所有一至三歲的孩童都會耍脾氣，因為他想測試你的耐性，以及他可以有多少掌控權，或者也可能是他無法用語言好好表達情緒。請給他表達情緒的工具，他就不會那麼常鬧脾氣了。

事前準備

- 教孩子用語言表達感受。當孩子發脾氣時，跟他說：「你哭成這樣，我沒有辦法理解你想要什麼，先深呼吸，再跟我說一次。」
- 盡可能讓孩子擁有一些決定權。如果他不能決定要做什麼，至少讓他決定做的方式。例如：他不能決定要不要洗澡，但可以決定要不要洗泡泡浴，或要帶哪個玩具一起洗。

- 轉換活動時，一定要有充分的提醒。小小孩通常對時間沒有概念，所以跟他說「我們五分鐘後離開」對他來說沒有意義，家長可以改用這種方式溝通：「這首歌播完之後，我們就要離開囉。」

中度狡猾指南：用點小技巧

- 善用分心的藝術，扮鬼臉、假裝跌倒、跳搞笑的舞，只要可以讓他從悲慘情緒裡分心都可以。
- 手邊有娃娃或玩偶的話，可以用它們的聲音跟孩子對話。對小孩而言，有時候跟「同儕」訴說他氣餒的情緒，比跟爸媽說還要容易，安慰效果也比較強。
- 把他帶離當下環境，例如去廁所、走到店外或回車上等，通常就能讓他冷靜下來。

- 帶孩子做幾個緩慢的深呼吸。
- 除非他真的做出什麼不當行為，例如亂打、亂踢、亂丟東西、失控尖叫等，不然可以暫時不理他（但請務必確認周遭環境安全）。

輕度狡猾指南：給他選項，簡單有效

「你想在這裡待久一點，冷靜一下，還是我們現在就離開？」

「你用哭的我聽不懂。你想跟我講發生什麼事，還是直接把東西拿給我看？」

如果孩子跟你槓上了

別因為孩子鬧脾氣而懲罰他，家長要做的是教他怎麼用說的，清楚表達自己的需求和情緒。

11 不准碰！把東西放下

當孩子拿到他真的很想要的東西，不用一些小花招，往往很難讓他放手。所以，在購物或見朋友之前，你應該先準備好一些哄騙或轉移注意力的伎倆。

事前準備

- 每次買東西，都跟孩子解釋你必須付錢才能買想要的東西，這樣他就不會覺得什麼都可以拿。另外，請克制隨意幫他買東西的衝動，當他看你每次都這樣做，之後就會有期待。
- 不用禁止孩子碰觸易碎物品，讓他想拿什麼就拿什麼，但要先講好時間。

家長可以這樣說：「那隻陶瓷鴨鴨你可以拿著，但我們結好帳之後，你就要放回去。」這樣他就不會把這類物品看成充滿誘惑的禁果。

- 和小小孩到商店購物時，盡量讓他坐在推車上，這樣一來，你會比較好控制他的衝動。如果小孩年紀較大、不能坐推車，就讓他幫你拿要買的東西，他會覺得這些東西非常重要，也認為自己有幫到你的忙。別讓他在店裡亂跑，把商品從架上扯下來。

中度狡猾指南：用點小技巧

- 善用交換的藝術：「不行，你不能拿那個東西。可以請你幫忙拿我的包包（你的娃娃／這個東西）嗎？」
- 購物時，讓孩子選一個他可以買的東西：「你可以在這一區買一個小玩具，你想選哪一個？」或者說：「那個玩具我們不能買，但我們可以買一本書，我們去兒童圖書區，你來選一本吧。」

- 轉移他的注意力：「我們現在不能玩這個玩具，但我等一下想跟你玩接球遊戲，你要不要去選一顆球？」
- 與其直接把孩子手上的東西拿走，不如讓他有參與感，請他把東西放回原位或還給你。
- 告訴孩子，他不能把這個東西帶回家，但回家之後，你會幫他做一張「禮物清單」，並把這個東西寫上去。下次他生日時，大家就知道可以送什麼了。

輕度狡猾指南：給他選項，簡單有效

「你想自己把這個絨毛娃娃放回去，還是我來放？」

「我們的錢不夠，不能買這個，但你可以換成買＿＿＿＿＿。」

玩點小遊戲

歸位遊戲

購物前，清楚讓孩子知道，你在這家店要買什麼，除此之外不會買其他東西，接著問他想不想玩「歸位遊戲」。

在店內走動時，可以讓孩子最多拿三項物品，並從一開始就講清楚，你不會買走這些東西。

準備結帳前，告訴孩子：「現在，來看看我們可以多快把東西放回去，記得它們的家在哪裡嗎？預備……開始！」過程中讀秒計時，看看孩子花了多少時間，把你帶到物品歸位的正確位置。

記下花費的時間，下次購物時，讓他挑戰打破自己上次的紀錄。每次成功把物品歸位，都要給予獎勵，可以是幫忙付錢給店員，或給貼紙、零食等。

如果孩子跟你槓上了

從孩子手中把東西拿走，一定會讓他鬧脾氣。這時，要用堅定（但沒有生氣）的語氣說：「好，我數到十之後，你就要把東西放回去。」這個方法就是告訴孩子，他手上的東西還可以再拿一下（也給了他可以理解的時限），但又不會讓他感覺壓力很大或受到威脅，這樣就不容易發脾氣。

第 4 章

再打架？就把你們趕出去

1 分享不是天性

我們都希望孩子樂於分享，好像分享是世界上最自然不過的事。但如果分享是如此天性、自然，世界就不會是現在這樣了吧？所以，以為幼兒會自願與他人分享自己的東西，真的是最不切實際的想法。

你要做的是，讓孩子相信你期待他懂得分享，且分享有必要，甚至對他也有好處。最重要的是，家長一定要以身作則。

事前準備

- 唸很多關於分享的故事給孩子聽，也可以自己編。你可以跟小孩坦承，分享這件事很難，但可以帶來獎賞（如家長的讚美，或是可以跟朋友一起玩等）。

- 盡可能什麼都買兩份（兩輛一樣的卡車玩具、兩枝筆、兩本空白筆記簿、兩個娃娃等），當他與朋友或兄弟姊妹分享時，自己也還有一個，這樣他會比較樂意分享。
- 當孩子與人分享時，請大力稱讚他，讚美、讚美、再讚美。雖然他知道這是你期望他做出的行為，但他做這件事時也應該感到快樂。

中度狡猾指南：用點小技巧

- **如果孩子的朋友要來家裡玩，就請他先把所有「特別的玩具」收起來。**問他哪些玩具是他不想跟別人分享的，並尊重他的決定，把這些玩具放在櫃子裡，並擔保他的朋友絕對拿不到這些玩具。這就是「要說趁現在，否則都別說」的時刻。接著，請清楚且明確的告訴孩子，你希望他可以跟朋友分享除此之外的所有東西。
- 永遠別讓孩子帶他不願意分享的東西去學校或朋友家。

- 雖然小孩可能不懂「分享」，但他一定會知道「輪流」。因此，你可以說：「席妮先玩吉他，她玩完就換你。」
- 換個詞彙，告訴孩子用「交換」的——其實你知道，意思就跟分享差不多。你可以這麼說：「要不要交換一下？你現在先玩魔杖，艾佛瑞玩消防車。」
- 隨時備好酷酷的貼紙或印章。告訴孩子和他的朋友，你是「分享精靈」，如果看到有人願意分享，你就會給他貼紙或蓋章，讓大家知道這個人多棒。

輕度狡猾指南：給他選項，簡單有效

「你想讓朋友先玩積木還是娃娃？」
「今天想帶哪些玩具去庫柏家跟他分享呢？」
「你想要現在換奧利佛騎腳踏車，還是五分鐘之後再換？」

玩點小遊戲

玩具大風吹

對於很抗拒分享的孩子來說，這種大風吹遊戲的變化版，可以讓分享的概念變得更有趣。遊戲規則跟原版大風吹相同：

1. 音樂開始，每個孩子發一個玩具。
2. 大家圍圈站或坐，玩自己的玩具，直到音樂停止。
3. 音樂暫停時，每個人都要把手中的玩具放下，並往右移一個位置。

這樣一來，每個人都有機會玩到所有玩具。

如果孩子跟你槓上了

- 認可他的感受：「看到你的表情，我知道你一定很生氣。分享真的好難，可能會讓你很沮喪。」
- 指出問題所在：「看起來你們都想要玩黃色卡車，但珍先玩了。」
- 給孩子們兩個選擇（除非年紀夠大，可以自己想出不同的解決方法）：「我們可以輪流玩。蘇菲先玩卡車，麥克斯玩警車，接著你們可以交換；或是蘇菲先玩警車，麥克斯玩卡車，再交換。」
- 如果孩子就是不願意分享某個玩具，你可以把那個玩具收走，鼓勵他玩其他玩具。若是其中一個孩子不願意分享，一直把別人手中的玩具搶走的話，就應該把他帶離現場。場面通常不太好看，但這招確實有用。

2 拜託你們，不要再吵了

即使是劇集或電影，也會看到父母得介入孩子之間的爭吵，焦頭爛額的處理這樣的煩人局面。現實生活也一樣，兄弟姊妹或朋友之間老是搞得彼此抓狂，吵架頻率肯定比戲裡更高。

身為父母，什麼時候應該出面調停？什麼時候讓事情自行化解就好？維持和平並不容易，但沒辦法，因為你是家長。

事前準備

• 決定好你的大原則，並嚴格遵守，且介入時，每次的行為都盡量一致。你可以思考的方向：只在有安全疑慮時介入呢？還是每次爭吵都會出面？你希望孩子每次都找你幫忙，還是期待他可以自己解決？

- 當小孩來找你（通常是一邊哭或一邊哀嚎），抱怨說「大衛一直煩我」或「凱莉一直說我是小寶寶」時，不要馬上接手，而是教他怎麼自己面對爭吵。爸媽可以說：「試試看，叫大衛不要再煩你？」、「你試著告訴凱莉，她這樣說，你有什麼感受？」

- 看看惹事的小朋友是不是餓了。不論是誰，低血糖都可能導致他脾氣暴躁，如果覺得這是可能的原因，就讓他們吃點東西。

中度狡猾指南：用點小技巧

- **玩耍時，規畫一個「合作區」或「中立區」**。在這一區裡，每位孩子都必須遵守以下不容妥協的遊戲規則：**互相尊重、理性對話、聆聽彼此、不可以推人或打人**。這個區域有魔法，所有人都要遵守這裡強制執行的「世界和平，人人向善」行為準則。如果有人無法遵守這個小小魔法王國的規則，就得離開，直到有辦法遵守規則才能回來（記得，先把最好玩的玩具都放在這一區）。

- 給每個小孩一個完全屬於自己的空間，尤其當家裡的孩子們是共用房間時，就更要這樣規畫。這樣一來，孩子就會知道，如果他想獨處時，可以到專屬的空間。這個「特殊空間」可以是家中一隅（如儲藏室、小角落等），不一定要是完整的房間，只要這一塊是專屬於他、其他人不能來干擾就行。
- 當兄弟姊妹之間吵得嚴重時，分配一些家事讓他們做。每個孩子都安排屬於自己的「工作」，且最好是在家裡不同的位置。

輕度狡猾指南：給他選項，簡單有效

「你想要停下來，不再鬧妹妹，還是離開這個房間？」

「你跟哥哥可不可以自己解決？還是需要我幫忙？」

「我知道你不喜歡有人打擾，那你想改做什麼呢？」

玩點小遊戲

角色互換

設定一段時間，讓兄弟姊妹假扮成對方，甚至可以讓他們交換衣服或鞋子，讓這場角色扮演遊戲更真實。但是，大原則是嚴格禁止取笑他人。

這個遊戲的重點在於讓孩子們想像當另一個人是什麼感覺。多給他們指示，讓他們感受到自己煩人的行為加諸在他人身上，是什麼感覺。

如果孩子跟你槓上了

說服孩子們到戶外玩。戶外環境可能不那麼理想，但盡可能事先調查、做好準備，找個地方讓他們玩吧。因為沒有任何人可以「擁有」戶外環境（或社區公園），整個區域都是中立區。

3 給他能完成的家事

當你家小孩聽過《灰姑娘》（*Cinderella*，又名《仙履奇緣》）的故事之後，家事在他心中就有了壞名聲——只有邪惡家長才會逼他做家事。但在現實生活中，我們每個人都得負責家務。

做家事不只能讓周圍環境變得更好，還能讓我們覺得自己是家庭或社群重要的一份子。

對孩子來說，只要你在他做完家事之後好好稱讚和獎勵他，這種抽象的感受就可能成為他非常重要的榮譽感來源。

事前準備

- 解釋為什麼你要他做家事。也許他認為這是折磨，但事實並非如此——做家事不是折磨，而是一起分擔家務、有機會為家庭貢獻一己之力、學習責任感、培養家務技能。
- 設定合理的期待。不要期待兩歲寶寶可以幫你削晚餐用的蔬菜（但也不要預設你的五歲兒做不到）。根據研究，以下是你家寶貝有能力做的家事：

1. 二至三歲：收拾玩具，把玩具歸位；掃地；在桌上擺紙巾、盤子、餐具；吃飽飯後，清理自己的桌面；把洗碗機裡的餐具拿出來（刀子等尖銳物品除外）。
2. 四歲：固定時間餵寵物；協助整理盆栽或庭院；清理家具的灰塵；準備冷的麥片餐；到外頭拿信；幫忙洗碗或把髒碗盤放到洗碗機裡。以及前述第一點二至三歲孩童可以做的事。
3. 五歲：整理自己的房間；刷水槽、馬桶、浴缸；摺衣服，把衣服放到該放的地方；打掃車內清潔；把垃圾拿出去丟（如果你家社區有集中垃圾場）。以及前述兩點四歲以下兒童可以做的所有家事。

- 花點時間訓練孩子做你期待他做到的家事。通常，**小孩會想證明自己有能力做到，所以給他能成功完成任務的工具吧！**跟終生回報比起來，教他做家事的前期投資根本就不算什麼。
- 想讓孩子更想做家事，就要讓他理解家事的重要性。請他幫忙集思廣益，列出所有讓家裡一切得以運作的事。如果有一些重要的家事沒想到，可以提示他：「要怎麼讓你房間地板上的髒衣服變成乾淨的衣服，再回到抽屜裡呢？」、「你的玩具要怎麼回到玩具箱裡呢？」
- 設定每週固定的家事時間，這時候大家都要一起做家事，你比較好監督，做家事也會變得好玩。

中度狡猾指南：用點小技巧

- 盡可能提供孩童專用的小型家務用品，如小掃把、小畚斗、小耙子等，都可以讓他驚呼連連，提高他做家事的意願。
- **不要說「做家事」，說孩子是你的「特別助理」**。給他徽章或帽子，可以讓他更進入角色、更有動力。
- 盡可能配著音樂一起做家事。每次做某種家事時，就播特定一張專輯，強化「做家事很好玩」和「現在是家事時間」的印象。
- 多讚賞和感謝孩子對家庭的貢獻。
- 用「只要……，就……」句型，這樣孩子就會把家事做好。例如：「只要把床整理好，你就可以去外面玩。」
- 善用家事表和誘導。當孩子完成家事，就在表上貼一張貼紙或一顆星星。累積到五、十或十五顆星星時，就可以領到特別獎勵（需要累積幾顆請先講好）。這個「特別獎勵」可以是家長陪他做想做的事、少量零用錢、新玩具等他會想要的獎勵。

注意：**如果孩子做的家事不盡完美，也千萬不要在他面前重做**，而是等一下再處理，或善用你的幽默感化解。比方說，孩子擺餐具時忘了放盤子，可以假裝把菜直接放在桌上，孩子就懂了，也能一笑置之。

輕度狡猾指南：給他選項，簡單有效

「你想先收玩具還是整理床鋪？」

「我要來撿你的襪子，那你想撿什麼？褲子還是衣服？」

「你想先寫作業，還是先做家事？」

「做完家事之後，你想玩電腦還是看影片？」

玩點小遊戲

家事選一選

以下這些遊戲，可以讓你用最簡單又公平的方式分配家事。請依照你們家的風格和孩子的年紀，選擇最適合的遊戲。透過這個遊戲，就不會有人（也許除了家長以外）長時間被單一種家事困住。

1. 家事轉轉樂

首先，請小孩在網路上搜尋、列印圖片，或用畫的也可以，如收拾餐具、擺餐具等（個人家務除外。例如，若你們家每個人起床後都得整理自己的床鋪，這就不能算是「家事」）。

接著，用堅固的紙板或厚實的卡紙做一個轉盤，把家事圖片放在轉盤接近圓周的位置。再拿紙板做一個箭頭當作指針，用雙腳釘把指針固定在轉盤圓心。到這裡事前準備就算完成了。

接下來，請孩子轉動轉盤，決定他今天或這週要做什麼家事，並把家事寫在家事表上，作為提醒，也增加動力。

2. 家事抽抽樂

把家事分別寫在小紙片上，接著把它們放進有蓋的盒子裡（如果家裡孩子年紀不同，可以把適合不同年齡的家務分裝在不同盒子）。

每週請孩子抽出一至兩件家事，作為本週家務，並記錄在家事表上。

如果孩子跟你槓上了

家長務必先說清楚不做家事的後果。孩子應該要知道，如果他決定不擺碗盤或整理床鋪，會發生什麼事——最好是簡單、立即且自然而然的結果。例如，若他不想收拾玩具，隔天就不能玩。

邊唱邊做，減少抗拒

家事歌

伴奏：*I've Been Working on the Railroad*

我跟家人一起做家事　做了一整天
我跟家人一起做家事　我很努力幫忙

看到媽咪在笑了嗎？　從我出生她就微笑
看到爸比在笑了嗎？　他對我很驕傲

幫媽咪的忙
幫媽咪的忙
幫媽咪的忙　每天都幫
幫爸比的忙
幫爸比的忙
幫爸比的忙　每天都幫

＊每次做家事時就唱這首歌，這樣會更好玩。這首歌的原曲是鐵路工的工作歌，他們會唱歌是有原因的：唱了歌，時間就過得比較快。

④ 整理自己的東西

還沒生小孩前，只要有幾個盤子放在水槽還沒洗，你就可能會覺得家裡超亂！但有了孩子之後，「我家超亂」的意思變成家裡地板到處都是玩具、早餐的髒碗盤跟晚餐的髒碗盤在水槽裡開派對、成堆沒洗的衣服也威脅著要造反。

別抱持不合理的期待，有小小孩的家一定會稍微髒一點、亂一點。重點是：要怎麼讓孩子也成為協助解決這狀況的一員呢？

事前準備

- 讓孩子一次只玩幾樣玩具就好，以免收拾時焦頭爛額。

• **建立打掃規律**，例如：每天晚餐後或每週六早上打掃，之後才可以做「更好玩」的事。重點是**固定時間**、**提供誘因**，**並從孩子越小開始越好**。
• 做一張簡單表格，列出你期待孩子做的事（但在期待他做到之前，要先教他怎麼做）。同樣的表格可以影印幾張分給孩子，這樣他做完家事之後就可以在上面做記號。
• 打掃前五分鐘先跟他預告，有些孩子可能需要倒數計時。
• 指令越具體越好。不要說「我們要整理遊戲室」，而是請他把積木放回箱子裡，把箱子放到架子上，以此類推。

中度狡猾指南：用點小技巧

• 如果孩子有上幼兒園的話，可以詢問老師、確認學校的打掃規律，並在家仿效這個規律（例如，大部分學校都是活動結束就馬上整理）。
• 設定一個「每日五分鐘整理時間」。吃完晚飯後，挑一首歌（家庭成員輪流選）播放，同時每個人各自整理家裡。

• 如果你家不只一個小孩，或要跟一群孩子一起整理的話，可以請他們列隊排好，把物品交給孩子，讓他們一個接一個傳下去，直到物歸原位。

• **還沒整理好，就別讓孩子離開房間**，養成他離開前一定要將房間整理好的習慣。家長可以用微微灑狗血的演技輔助：關上房門，化身為巫師，在孩子身上施魔咒——沒有把東西撿起來，就不能離開房間。

• 確認每一項物品都有它們擺放的位置。盡可能用文字或圖片標記不同的抽屜和箱子，這樣孩子整理的同時也能順便學習收納和分類。此外，可以準備一個桶子裝雜物，不然空間還是會亂，或東西會放錯地方。

• 讚美、讚美、再讚美，就算只有幾項物品歸位也一樣。

輕度狡猾指南：給他選項，簡單有效

「你想整理積木還是顏料？」

「整理的時候，你想聽音樂，還是自己唱歌？」
「你想當撿玩具大師，還是玩具歸位專家？」

玩點小遊戲

整理房間奧運賽

跟孩子說，今天不只是整理，而是要來一場「整理房間奧運賽」。

請家長先想出一些像是奧運競賽項目的名稱，像是「遊戲室接力賽」、「洗碗大賽」或「撿玩具短跑」等，讓整理聽起來更有吸引力。

孩子當選手，你當裁判。請你用體育主播的方式來轉播比賽：「艾娃現在走進客廳了，提姆。她準備要把上週末留在這裡的所有東西都撿起來了，這對她是一大挑戰啊，畢竟這不是她喜歡的事，但她努力訓練這麼久，就是為了這一刻！現在的問題是，她能超越住在對面房間的俄羅斯選手嗎？」在孩子整理期間持續「播報」，結束時給孩子一個分數和排名。

如果孩子喜歡這個遊戲，可以把最佳時間或分數記下來，下次整理房間奧運賽時，讓他試試看打破自己的紀錄！

尋寶遊戲

跟孩子說，你們要玩「尋寶遊戲」。請他找到所有橘色的玩具，並放回原位，接著換所有有輪子的玩具、動物玩具、會發出聲音的玩具，以此類推，直到玩具全部都收好。整理結束後的獎品，可以是貼紙、小點心，或離開房間的權利。

如果孩子跟你槓上了

- 若孩子有機會把東西收好但沒做到的話，就把沒收好的東西放到一個箱子裡。如果孩子想拿，就得多做一些家事才能得到。不要讓孩子覺得這是處罰，而是當作讓家順暢運作的方法。

●斷捨離：跟孩子一起整理玩具，壞掉的就捨棄，並請他選一些玩具，分享給沒有這麼多東西可玩的孩子（如捐贈至育幼院），讓這個過程成為分享與感恩的一課，同時減少空間雜亂的可能。

邊唱邊做，減少抗拒

整理歌

伴奏：*It's Raining It's Pouring*

整理　整理
每個人都要整理
我們要把________收起
所以每個人都要整理

＊毫不留情的重複唱這首歌，直到房間整理好、玩具收拾好，或你受不了為止。

5 限制3C時間

孩子喜歡用電腦、電視、平板、手機等任何他可以得手的裝置，看節目、玩遊戲，或使用其他功能。使用這些電子裝置不見得不好，有些節目其實很有教育意義！但是，所有專家都同意，應該限制小孩使用的時間。

還好，有些孩子喜歡3C產品，喜歡到你可以有效（且狡猾）運用這一點引誘他合作，像是跟保母好好相處、做家事、上車等任何你想要他做的事。

事前準備

- 確定孩子知道他每週或每天使用3C的時間有限。可以依照你們家的生活情況調整，但建議每天不超過三十分鐘。

- 設定鬧鐘，並訓練孩子知道鬧鐘一響，手機、平板等就得收起來。
- 不要亂放你的手機或平板。孩子使用完你的手機或平板後，一定要請他交還給你或放到指定的地方，這樣一來，可以減少誘惑。有預算的話，可以買一臺孩子專用的裝置，這樣你就可以加裝保護殼和安裝家長監控的應用程式，也可以防止孩子吵著要玩你的手機！
- 引導孩子看書籍改編或搭配書的節目與遊戲，當3C使用時間結束，就能以書代之。
- 不要讓孩子吃飯配電視（或手機、平板播放的影片），否則吃飯和這些事一旦產生連結，要戒掉就很難了。

中度狡猾指南：用點小技巧

- 用紙或紙板做「3C幣」，跟孩子說，**重要的事情有做到**（如做家事、看書、寫作業等），**就可以賺一枚3C幣**。設定一枚3C幣可以換十五或三十分鐘的裝置使用時間，**換得的時間越短越好，這樣他就必須賺更多金幣**（賺不到時3C使用時間就會減少）！

- 電子裝置快沒電時，才給孩子使用，這樣一來，沒電也剛好可以結束他的使用時間！
- 先排定3C時間結束後的活動。通常，玩完之後要等待的時間越長，孩子就有越多時間可以抱怨。開始使用3C產品前，口頭告知他下一個活動是什麼，讓他有心理準備，例如：「記得，看完這集就是晚餐時間了，晚餐你想喝什麼飲料？」、「等你玩完遊戲，我要拿手指畫顏料還是水彩出來？」
- 跟孩子說裝置「累了」，晚上要休息。
- 如果孩子不懂為什麼你可以玩手機、他卻不行的話，給他看一些你工作的電子郵件，讓他知道你在「玩」的東西有多無聊。
- 善用孩子想玩手機、平板的欲望，讓他先做完比較不想做的事。

輕度狡猾指南：給他選項，簡單有效

「你想自己玩電腦，還是我們大家一起玩桌遊？」

「我們十五分鐘後就要出發囉，這十五分鐘你可以看電視，但我說要走的時候，你就要馬上準備好。」

如果孩子跟你槓上了

把孩子用來看節目或玩遊戲的裝置藏起來，說是壞掉、拿去修了。也許你沒辦法讓他永遠不用3C產品，但一、兩週的數位排毒（Digital detox）通常會有顯著效果（如果這個裝置是全家共用的話，在這段排毒期間，一定不能讓孩子看到你在使用它）！

6 非要我陪玩，怎麼辦？

玩樂是孩子每天最重要的活動，這可以讓他享受生活、與人互動、體驗新事物、吸收學習，但他為什麼一定要你陪？

當然，有些孩子很享受獨處，這種孩子勤勉好學，鍾愛在亂七八糟的玩具堆裡盡情享受他的獨樂樂時光，但如果你的孩子不是這樣呢？也許你家小孩就是隨時都需要你的關注、跟你互動。不過他以為他是誰？掛在你身上的無尾熊？

事前準備

- 想讓孩子隨時都可以自己玩的機率增加，關鍵就在於你的期待要合乎實際。如果你今天想做四道菜、洗衣服、寫論文、跟同事敘舊，那你就等著失望吧。有片刻的慰藉就要開心了。

- 只要孩子自己玩，就算只有一下下，也要大力稱讚他做了好特別的事、他「長大了」。
- 確定家裡到處都有他可以玩的玩具。
- 孩子自己玩的時候，多注意一下他選了什麼玩具。他的獨樂樂時光，是拿了美術用具、小車車，還是積木？下次你希望孩子自己玩時，就拿出這些玩具。

中度狡猾指南：用點小技巧

- **你想做什麼，就鼓勵孩子玩什麼**。比方說，當你在做晚餐時，就在旁邊設置一塊「煮菜區」給孩子，給他一個攪拌用大碗、一些「食材」（為此你可能需要犧牲一些放了很久的米或麵粉），以及多種廚房用具；如果你在電腦前工作，就幫他準備一臺舊筆電，或做成像電腦的鞋盒。

- 放音樂，音樂可以讓野獸平靜，也可以讓黏人的小孩分心。
- 布置一個「玩具測試區」，裡頭放五至十個可以自己玩的玩具。接著跟孩子說，你要請他測試每一種玩具，看看哪些是他喜歡的。
- 告訴他，你有些事得先去做，他想玩什麼「都可以先開始」。或先跟孩子做一些有固定時長的活動，如讀一篇故事或唱一首歌，結束後再讓他自己玩。
- 幫他搭個帳棚或建個小城堡。小小孩很喜歡爬進爬出，隱蔽的城堡也會擋住他的視線，這樣一來，他就不會注意到你其實沒有在跟他玩。放很多玩具和書在裡頭，給他手電筒在城堡裡冒險，或假裝自己在野外露營。
- 設定清楚且需要花時間的遊戲目標，讓孩子完成，例如：「你可以蓋一棟城堡給我看嗎？越高越好！」或「要不要畫一張圖送給奶奶？」

輕度狡猾指南：給他選項，簡單有效

「你要不要教弟弟（娃娃／絨毛玩具）怎麼玩＿＿＿？」

「媽媽有事情要忙，你先自己玩一下——你想要我幫你把美術用具放在這張桌子，還是那一張桌子？」

「我現在要做晚餐，但我可以先讀一個故事給你聽，或煮完飯再讀。你想要現在就聽故事，還是等一下？」

玩點小遊戲

遊戲小站障礙賽

把房間布置成一場障礙賽，中間有許多「遊戲小站」，每個小站都有一個孩子可以自己玩的遊戲。告訴他，這場障礙賽的目標並不是快速完成遊戲，而是把每個遊戲都做好。

你可以設立的遊戲小站如下：

- 培樂多小站。

- 積木或樂高（LEGO）小站。
- 畫畫小站。
- 玩水小站（包含碗、水盆、小船、塑膠鴨）。
- 歌唱小站（包含播音樂的裝置和麥克風）。

此外，在障礙賽的路線上，一定要設一些障礙，讓孩子跨過去、從底下爬，或鑽過去，才能到達下一站。

如果孩子跟你槓上了

前述這些招數要成功，你就得做好心理準備：不管何時你都沒空陪玩。讓小孩知道，你有正事要做，而他要做的正事就是玩。

告訴孩子：他可以先玩，你待會就加入他。如果你說幾分鐘之後就會過來（需要的話就設定鬧鐘），務必說到做到，加強你說話的可信度。

第 5 章

最容易讓父母理智斷線的事

1 這件事，孩子最狡猾

講到吃飯，孩子真的非常狡猾：昨天明明狼吞虎嚥的吃下起司義大利麵，好像餓了整天；今天卻像喝了整瓶難喝的酒一樣，毫不客氣的把嘴裡食物都吐在地上。

這也許是因為，吃東西是他唯一能成功抵抗你的一件事。你可以逼他穿好衣服、上車，以體力和意志的絕對優勢強迫他洗澡，但如果他真的不想吃，你也沒有辦法把食物逼進他的喉嚨裡。

事前準備

- 讓孩子自己選他要吃什麼。這招不保證奏效，但自己選的食物，也許會比較願意吃。

- 別為了吃飯爭吵。孩子不會餓著自己的，請接受這個事實，**讓他判定自己餓了沒**。
- 讓他挑專屬於他的餐墊、碗盤、叉子、湯匙、杯子等。自己選的餐具，比較可能想用。
- 記得，大多數孩子的注意力都很短，通常不超過十五分鐘。如果用餐時間會超過十五分鐘，你就得來點娛樂。這時你可以跟他談條件：「吃完，我就讀故事給你聽。」
- 吃飯配電視絕對不是好主意，但配音樂可以——讓他選吃飯時想聽什麼。
- 你在做飯時，請小孩幫你試味道，告訴他：「我需要你幫忙看看今天的晚餐好不好吃。」
- 飯準備好的時候，請他幫忙擺餐具或上菜，他會覺得自己充滿力量，為自己感到驕傲，通常會更願意吃飯。
- 如果寶貝堅持不吃飯，只想吃冰淇淋、餅乾等甜點，就跟他談條件。你可以先跟他商量「吃完晚餐，就可以吃冰淇淋」，如果這個老招沒用，但小孩還算講理的話，可以試試看「一口飯，一口冰淇淋」這招。

- **不好好坐在餐桌邊，就不要餵他**。無論他是站在桌子旁邊，或洗澡時、睡前坐在你大腿上時突然喊餓想吃東西，都不能給他。雖然讓孩子像海鷗一樣到處亂跑，偶爾回來咬一口，可以確保他吃下食物，但這不是好的用餐禮儀。

中度狡猾指南：用點小技巧

- 把食物切成孩子喜歡的形狀，如方形、三角形、圓形、星形。善用餅乾模，省時省力。
- 把食物擺成有趣的樣子，如他最愛的卡通角色、動物、臉或場景。
- 幫食物取新的名字。例如：把花椰菜稱為「樹寶寶」，雞塊改叫「酥脆小石頭」等。其他建議如下：

圓片狀紅蘿蔔	橘色太陽
條狀紅蘿蔔	魔杖
馬鈴薯泥	白色泥土
白花椰菜	白色樹寶寶
沙拉	兔兔食物
魚柳條	漁竿
乾酪條	蜘蛛網

- 用新奇的方式呈現食物，而不只是放在盤子上。你可以把水果插在竹籤上（並教孩子怎麼用手把水果拿下來），或用紅蘿蔔做一棟小木屋。發揮創意吧！
- 事先將食物切成好入口的大小。如果份量太大，需要切小塊或咬小口的話，小孩不方便吃，就不會想吃，反而會覺得可以拿來玩（或把食物從盤子裡拿出來亂放）。

- 請孩子一起備餐。給他穿圍裙或戴廚師帽，請他幫你拿東西、攪拌、調味（給孩子已經量好份量的液體或調味粉來加）、按機器開關（如電動攪拌機或烤吐司機等）。
- 讓寶貝玩許願遊戲。每吃一口，就可以許一個願。
- 施加「娃娃壓力」——戴手偶餵他吃飯。這很神奇，孩子常常不聽你的，但通常會聽娃娃的。

輕度狡猾指南：給他選項，簡單有效

「我們要邊吃邊讀故事書呢，還是邊吃邊聊天？」

「今天，你想邀哪隻絨毛娃娃共進午餐呢？」

「你想先吃義大利麵還是沙拉？」

玩點小遊戲

我想吃你的

這個遊戲是利用孩子天生的占有心理。雖然不能促進分享行為，卻可能讓他出於防衛，而把食物吃下肚。

1. 跟寶貝說，你想吃他的一個食物（選一個蛋白質或蔬菜，也就是他通常不吃的）。
2. 緩慢又刻意的，把筷子伸向他的碗盤。
3. 如果你家小孩是典型具占有心理的孩子，就會說「不行！那是我的！」之類的話，接著他會快速拿起食物，塞進嘴巴裡。
4. 露出傻傻的失望表情或誇張的驚訝模樣，他一定會笑出來。

此外，你還可以玩個變化版：請孩子餵你吃一樣東西，並跟孩子說不可以耍小花招，也絕對不可以假裝要餵你吃，結果把食物放到自己嘴巴裡。淘氣的孩子一定就會做你不希望他做的事，任務達成！他又吃了一口，希望接下來還會吃更多！

如果孩子跟你槓上了

放輕鬆，不要讓吃飯變成戰鬥，孩子不會餓到的。

邊唱邊做，減少抗拒

五顆花椰菜

伴奏：*Five Little Monkeys*

五顆花椰菜　擺在盤子上
一顆跳出來（夾起一顆花椰菜）
就被吃光光！（把花椰菜放進孩子嘴巴裡）
寶貝說：「哇！花椰菜好好吃！
盤子裡還有沒有花椰菜？」

四顆花椰菜　擺在盤子上
一顆跳出來（夾起一顆花椰菜）
就被吃光光！（把花椰菜放進孩子嘴巴裡）
寶貝說：「哇！花椰菜好好吃！
盤子裡還有沒有花椰菜？」

2 一想到要帶他出門吃飯

跟孩子出門吃飯這種如此美好的體驗，怎麼會讓許多家長感到恐懼呢？他會不會在餐廳作亂？他會吃嗎？他會不會跟妹妹打架或大鬧脾氣？在外面用餐的花費與壓力，真的值得我出去一趟嗎？還是待在家叫外送就好？

說到底，這麼麻煩的安排是值得的，因為孩子會學習以開放的態度面對新體驗，這是一個終生技能，他（和你）將受用無窮。

但是，要成功做到這點並不容易，你需要有計畫，這表示得先準備好一些用餐的奸詐小妙招。

事前準備

- 在家培養用餐的好習慣：乖乖坐在桌前、用正常音量說話、舉止要得宜。這一切都會有回報的。
- 如果已經想好要去哪一間餐廳，可以先從這家餐廳外帶一些餐點回家，讓孩子好奇這家店的食物，並事先熟悉、習慣其口味或風格。在出發之前，一起看線上菜單，以加速點餐和決定餐點的時間。在家中這個讓人自在又熟悉的地方討論餐點，對你和孩子都比較好。
- 前往餐廳的路上，複習餐前、用餐中和餐後你對孩子有什麼期待。
- 盡量**不要在孩子很餓時才帶去餐廳**。飢餓就會沒耐心，等待餐點的時間也就特別煎熬。
- 在餐廳時，不要一直幫孩子補水，尤其如果有附吸管更是如此——我們都知道，有了吸管，什麼都變得更好玩。此外，如果他水喝太多，餐點吃不下，一定就會在你們回家後喊餓（比方說睡前兩分鐘）。

中度狡猾指南：用點小技巧

- 先點一份開胃菜，這樣一來，就有食物能快速送來。選一份你覺得孩子會喜歡的，再加一份他不熟悉的食材或沒吃過的菜。如果他喜歡，那很好；如果不喜歡也沒問題，只是開胃菜而已。
- 點好餐，再帶著他一起去洗手，這樣可以「吃掉」一些等待的時間，也給孩子探索餐廳的機會。
- 帶一副牌，讓等餐時間變成遊戲時間。在家時，先教孩子幾樣卡牌遊戲（在餐廳教會有點難度，因為還有很多事要顧）。中途可以換遊戲，這樣每個人都能玩到自己最喜歡的遊戲。
- 如果你選的餐廳有不同地區或國家的餐點，可以查一些跟該地區或國家有關的有趣知識，在餐桌上跟孩子討論。這個國家或區域在哪裡？有多少人住在那裡？在手機地圖上指出該國家或區域的位置，並搜尋一些當地地標和娛樂活動。
- 帶白紙、麥克筆或蠟筆，讓孩子等餐的時候畫畫。

- 讓孩子點他自己的餐（這時，小孩天生想角色扮演與演戲的欲望就能派上用場了）。
- 建立規則：至少要試一項新的食物，才可以吃甜點。
- 輪流選擇家庭聚餐要去哪間餐廳，或讓孩子選他生日大餐要吃什麼，使之成為你們家的傳統，他會對在餐廳度過快樂時光有更多興奮和期待的心情（而如果有孩子在用餐時招惹兄弟姊妹，下次他就不能選餐廳）。
- 在家時，玩到餐廳吃飯的角色扮演遊戲，每個人都要演出不同的角色。請孩子演家長，負責點餐、付帳，或做一些笨笨的事逗大家笑。這個體驗能成為出外用餐時的話題。此外，在餐廳等候時請孩子觀察、學習店員或其他顧客，這樣他以後就可以演更多不同的角色。

輕度狡猾指南：給他選項，簡單有效

「你想去＿＿＿＿還是＿＿＿＿餐廳？」

「今晚去餐廳吃飯，我們來扮演別人吧，你想要當誰？」

玩點小遊戲

吹牛（出外用餐版）

這個遊戲適合三人（含）以上，誰先出完所有的牌就贏了。

把整副撲克牌發完，拿到梅花A的人先開始，出牌時牌面朝下，同時說出幾張牌（必須包含梅花A）。下一個人要出梅花二，再下一個出梅花三，以此類推，照著發牌的順序輪。

出牌的人必須誠實說出他在桌上放了幾張牌，但可以講跟實際出牌點數不一樣的數字。例如，他手上只有一張二，但輪到他出二時，可以蓋上一張二和一張三，然後說：「兩張二。」

出牌的人講完，一直到下一個人出牌之前，所有人都可以喊：「吹牛！」只要有人喊，遊戲就必須暫停，把牌翻開檢查，如果的確是吹牛，出牌的人就要把整堆牌都拿走；如果不是吹牛，那喊吹牛的人就要拿走全部的牌。沒有人出聲懷疑，就照發牌順序繼續玩下去。

可以在遊戲中加入專屬於出外用餐的環節。例如，當說謊者被抓到，喊吹牛的人可以選一個人，讓說謊者餵他吃一口食物！

如果孩子跟你槓上了

先吃甜點這招屢試不爽！

3 不甘願去洗澡

俗話說：「清潔近乎美德。」（Cleanliness is next to godliness）但顯然很多孩子並不知道這件事。

有些小孩恨透洗澡的感覺，有些則是不喜歡臉潑到水和搓洗腳趾頭，也有些孩子則覺得洗澡是個測試自己獨立與否的好機會。但無論如何，每個人都必須洗澡，赴「澡」蹈火，在所不辭。

事前準備

- 檢查水溫是否太燙，寧願不夠熱，也不要燙傷。洗澡前讓孩子先試水溫。

- 教他開關水龍頭（但必須強調，只有大人在場時才能動），並請他自己放洗澡水。小孩喜歡自己握有權力的感覺。
- 買很多泡澡玩具，最好是讓他自己選。泡澡玩具的熱門選擇有：孩子喜歡圖樣的毛巾或洗臉巾、塑膠小鴨、小船、小魚、浴室繪畫顏料或蠟筆等。

中度狡猾指南：用點小技巧

- **不要固定洗澡時間**，讓這件事有些變化。例如，下雨的週六就早上十一點洗、陰天的週四下午四點洗澡，若是炎熱的週日就在下午兩點洗澡——或者管他的，想到就馬上洗！**對孩子來說，不照時間表做事很「搞怪」，這種好像快要違反規則的感覺，會讓他更想洗澡**。家長還可以加油添醋的跟孩子說：沒有人會在這時候洗澡喔！
- 不要說洗澡，改說游泳。洗澡水放多一點，給寶貝泳鏡和游泳臂圈，這會讓他更想洗澡。教他在水裡吹泡泡、練習狗爬式、臉朝上在水中漂浮。有研究指出，洗澡是讓嬰兒熟悉水性的絕佳方法，這可以增加他長大後學會游泳的可能性。

若你家寶貝還是新生兒，你可以輔助他臉朝上漂浮，或練習踢水。

- 請孩子幫泡澡玩具洗澡：要準備毛巾（可以用洗臉巾）、備好擦乾身體後穿的睡衣，接著請他幫玩具確認水溫適不適合，再開始幫玩具洗澡。一邊洗澡、他可以一邊開導玩具，教它們怎樣可以跟他一樣不怕水。
- 偶爾加上泡泡澡（三歲以上適用），或帶吹泡泡罐進浴缸。

輕度狡猾指南：給他選項，簡單有效

「你想要泡澡還是淋浴？」

「你想自己洗，還是我幫你？」

「你要用紫色的洗臉巾，還是長得像瓢蟲的那條？」

「今天想要洗泡泡浴還是游泳？」

玩點小遊戲

洗澡湯

請孩子洗澡時幫你做碗湯，讓他選三至五樣廚房用具帶進浴室，木杓、小碗、打蛋器、塑膠量杯等都很適合當作泡澡玩具，讓你的新手小主廚在洗澡時無限上菜、煮湯、做舒芙蕾。

此外，還可以玩點變化版：請小「巫師」或小「女巫」幫你在浴缸裡調魔藥，讓他輕輕把魔藥灑在你身上，問他把你變成什麼了，並演出那個動物或物品。

如果孩子跟你槓上了

跟孩子一起進浴缸洗澡，重點是你的衣服都不要脫。這種荒謬的場景應該會逗樂孩子，他就願意一起進浴缸了。

邊唱邊做，減少抗拒

小小蜘蛛

伴奏：*The Eensy Weensy Spider*

有隻小小蜘蛛　爬到你腿上
爬進水裡，洗掉髒髒
拿著香皂，開心刷一刷
小小蜘蛛說：「請你幫我洗澡！」

＊可以把「腿」換成其他身體部位。

4 害怕洗頭

每個人都有需要洗頭的時候，例如至少一週洗兩次。不過，有些孩子就是喜歡油頭，此時就得使出一些小詭計。

事前準備

- 帶孩子到藥妝店，買專屬於他的第一瓶洗髮精——這會讓他有所期待。要特別留意選擇兒童洗髮精，這樣才有不流淚配方。
- 當他洗完頭，請大力讚美他乾淨的頭髮，一定要提到味道好好聞和感覺好舒服。

- 教他洗頭時頭往後仰，以免水跑進眼睛裡。如果他無法理解，就先用娃娃示範，如果頭沒有後仰會怎麼樣。
- 洗頭的流程盡可能都讓孩子做決定，讓他覺得自己有主導權，例如：「你想要用這瓶洗髮精，還是那瓶？」、「沖頭髮的時候，你想用杯子還是碗來沖？」、「你想快快洗還是慢慢洗？」
- 讓他自己洗（當然你要在旁邊幫忙）。擠一點洗髮精，教他怎麼搓揉起泡，接著從旁協助他自己把頭髮沖乾淨。

中度狡猾指南：用點小技巧

- 不要說是洗頭，說這是「三溫暖時間」。把孩子當成一般成人顧客對待，問他預約的時段，接著帶他走到浴缸旁邊。你可以全程都用好笑的聲音說話，讓他整個過程傻笑不停。
- 誰不喜歡頭皮按摩？即使是小小孩也會享受這樣的奢華體驗。利用這一點，讓洗頭變成正向的體驗。

- 教孩子在洗頭時，把洗臉巾緊緊按在臉上（手壓在太陽穴處），這樣一來，水就不會跑進眼睛裡。
- 用泡泡玩造型。讓孩子站在浴室的鏡子前，把他頭上的泡沫做成尖尖的造型、龐克髮型、獨角獸等任何你想到的形狀，接著換他試一試。
- 玩「洗頭五百秒遊戲」，基本上就是「可以洗多快」遊戲。競爭遊戲多半可以解決孩子的抗拒心理，他很快就能洗好頭。大聲讀秒，並把秒數記錄下來，下次洗頭讓他挑戰打破紀錄。

輕度狡猾指南：給他選項，簡單有效

「你想要自己洗頭，還是我幫你洗？」

「我幫你沖水時，你想要拿著洗臉巾蓋住臉，還是直接閉上眼睛就好？」

「今天洗頭的時候，你想要我用杯子撈水，還是直接用蓮蓬頭沖你的頭髮？」

玩點小遊戲

單手洗頭挑戰

假裝你和寶貝都有一隻手卡住或黏在身上動不了，所以你們要通力合作，一起洗頭髮。你負責把洗髮精擠到孩子手上，他負責把洗髮精抹到自己頭上，你們一人一隻手，一起搓揉頭髮起泡。沖頭髮時，由他打開水龍頭，你拿杯子裝水，請他頭往後仰或眼睛蓋住，你負責沖水。

瀑布大冒險

假裝你找到一座祕密叢林，叢林裡有一座大瀑布。用大碗裝水，水倒進浴缸模仿瀑布的樣子，讓孩子在瀑布下沖洗頭髮（如果不怕水，也可以直接用蓮蓬頭）。

想讓他更有臨場感，可以形容一下瀑布、水池、樹木、小鳥的模樣，說叢林裡的動物也會在瀑布下洗澡。

如果孩子跟你槓上了

有些孩子怕水，也有些怕的是整顆頭都是泡沫的感覺，也有可能都不是。請找出你的寶貝是因為害怕，還是純粹不想洗頭。如果是害怕，就要深入探究原因。比方說，小孩怕洗髮精跑進眼睛，你就要跟他保證，他挑的洗髮精不會刺到眼睛（請先確定真的不會）。

不管孩子的擔憂是什麼，都要找出根本原因，並解決問題。

5 乖乖睡覺的睡前儀式

當你說：「晚安，寶貝。」你的小傢伙就會自動走進臥室、換上睡衣、爬進被窩、上床睡覺——如果真是這樣就好了。

也許等到他們進入青春期之後，就會這麼自動自發（甚至不用你開口，他就上床睡覺了）。但在此之前，你每一晚都得親自把他們送上床。

事前準備

- 重點在於規律。這並不代表你們每晚同一時間都要待在家，或甚至每晚都要睡在同一張床上，而是**不論你們在哪裡、什麼時間點，都要遵守一樣的流程**（如穿上睡衣、刷牙、上廁所、讀一篇故事，接著就上床睡覺）。可以**把睡覺儀式想成一列火車，讓孩子知道上了車就不能回頭**，而你的工作就是建造好這輛火車，並讓它順利啟動。

- 劃清界線並遵守。如果你清楚告訴他睡前可以讀幾本書，就把書數好，並確定他放的數量正確；如果你告訴寶貝，說晚安之後你就不會再進來他的房間，那不管他再怎麼尖叫，都不要回頭。
- 永遠都要比孩子想得更多、更遠。**小孩都是找理由大師，有一百種離開床鋪的藉口，而你要預先為他解除各種障礙**，像是放杯水在床邊、關上衣櫥的門、開啟小夜燈、確定他的泰迪熊有在床上等。

中度狡猾指南：用點小技巧

- 讓孩子選想穿的睡衣，教他怎麼自己穿（只學一部分也行），這應該可以讓孩子對上床睡覺的流程少一點抗拒。

- 讓他自己選要蓋哪一件被子、用哪一顆枕頭。
- 想出一套送孩子上床的創意妙方：過山洞（從床邊鑽進被子裡）、飛上雲端（飛到床上，降落在枕頭上）、月球漫步（由你幫忙讓孩子跳到床上）等，讓上床的流程變得更好玩。
- 如果小孩不是睡嬰兒床，而是一般的床，你可以跟他一起躺著，唸故事或唱歌，不要讓他坐在你腿上。有時候就是要躺平，他才會發現自己有多累。
- 讀完故事書，要唱歌或幫孩子蓋被子時，說服寶貝閉上眼睛。即使只是這麼簡單的動作，都可以讓他們意識到自己其實累了。
- 躺上床時，請他把最喜歡的娃娃或絨毛玩偶放在床邊，當作上床儀式的一個環節。

輕度狡猾指南：給他選項，簡單有效

「你想先換睡衣還是刷牙？」

「今天想讀兩本厚厚的書，還是三本薄薄的書？」

「今天你想跟我一起唱搖籃曲，還是我唱給你聽？」

「你想看書還是講故事？」

玩點小遊戲

說故事時間

你肯定不希望孩子在睡覺時間太過興奮。除非你想多點挑戰，否則不建議這時候讓他身體或大腦的活動過於激烈。不過，跟寶貝一起編故事，可以讓他既放鬆又享受。

用填空遊戲的方式，每一、兩句就留個空白，讓孩子覺得自己決定了故事的走向。如果他很投入，就讓他有更多發揮空間。

故事可以這樣開始：

很久很久以前，有一位＿＿＿＿＿＿，他的名字叫做＿＿＿＿＿＿，這位＿＿＿＿＿＿可不是一般的＿＿＿＿＿，他非常、非常＿＿＿＿＿＿，因為他想要＿＿＿＿＿＿。

如果孩子跟你槓上了

有時候，你就是得說晚安、關門、直接去睡覺！

⑥ 大腦關不了機的時候

有時候，送孩子上床容易，困難的是讓他真正入睡。

我們都有大腦就是關不了機的夜晚，孩子也會有，他就會在你送他上床之後，不斷進出自己的房間。可能是因為隔天有個他很期待的大活動，或者他在擔心學校的事。但不管是什麼原因，你的任務就是要讓他忘掉那些事、上床睡覺，這樣你才能休息。

事前準備

- 如果小孩房內有時鐘，請確定它不會隨時都亮著（或發出聲音）。睡不著時，看到時間往往會更增添壓力。

- 在上床儀式結束、你準備離開房間時，問問孩子有沒有什麼心事。花點時間談談他的心事或焦慮，可以預防他在你離開五分鐘後就跑來找你。
- 教孩子深呼吸放鬆身心的方法。讀故事或唱晚安歌給寶貝聽時，讓他練習深呼吸，吸氣時數到三，吐氣時數到六。專注呼吸能讓孩子把注意力放在當下寧靜的時刻。
- 準備一本筆記本放在床頭，鼓勵小孩在睡覺前寫一寫，寫什麼都好。睡前五分鐘的書寫，可以幫他卸下心頭的事。

中度狡猾指南：用點小技巧

- 安排一段「想做什麼都可以」時間，時間大約十五分鐘內，孩子可以做任何他喜歡的事，如閱讀、書寫、畫畫、瑜伽等，只要確定十五分鐘後，他會去睡覺即可。如果這招沒用，就再試一次。通常一次就夠了。

- 如果孩子很焦慮，沒有辦法把大腦關機，就請他做一張擔心清單，寫下所有他擔心的事。如果他願意，請他告訴你他在擔心什麼。當你知道孩子的恐懼與焦慮，就有機會幫他克服。最後，可以請他把擔心清單放在枕頭下面或一個特殊的袋子裡，焦慮的心情就會飛走。
- 讓他把頭放在枕頭上（或縮進被子裡），閉上眼睛。接著深呼吸，吸氣時數到三，吐氣時數到六，同時回想他最愛的電影或故事書裡的所有情節。有時候他只要閉上眼睛、專心在某一件事情上，就會睡著了。
- 喝一杯熱牛奶通常也有用。

輕度狡猾指南：給他選項，簡單有效

「別擔心，睡意一定會來的。你想要自己看點書，還是寫一下日記？」

「要不要跟絨毛娃娃說說你在想什麼，然後讓娃娃抱著你睡？」

「在腦袋裡唱一首歌給自己聽，同時吸氣和吐氣。」

如果孩子跟你槓上了

告訴孩子不用擔心，請他看點書或聽點音樂，直到累了、睡著。有時候就是得順其自然。

致謝

大衛・博傑尼：

如果說養育一個孩子需要一整個村莊，那寫一本有關育兒的書，可能就需要一整個城鎮，而本書也不例外。感謝原版編輯艾琳・斯諾奈克（Erin Slonaker）與再版編輯潔絲・齊默爾曼（Jess Zimmerman）的協助，讓這本書出版！當然，我也要感謝多位爸媽貢獻自己狡詐育兒的知識，包括我自己的父母路易斯（Louis）和南西（Nancy）、我兄弟喬伊（Joe）和他的妻子梅蘭妮（Melanie）。最後，我得感謝蘇珊・西蒙斯（Suzanne Simons）與我的孩子蘇菲和麥克斯，沒有你們，這本書絕對不可能問世，或沒必要問世。

詹姆斯・葛雷斯：

我常覺得自己像是在演電影《刺激》（*The Sting*）一樣，鎮日精心規畫一場長遠的騙局。片中配角就是我的家人和朋友，我向他們學了很多，而他們也幫助我發揮最大的狡詐育兒潛能。感謝他們的支持、分享給我的育兒技巧，以及感謝他們為此花費的時間。我的太太葛德布拉特・葛雷斯（Goldblatt Grace）是一切的關鍵，她協助我成就這本書，沒有她，育兒的樂趣就少了很多。羅賓・奧佩林（Robin Alperin）為本書貢獻良多，值得大力感謝，她是幼兒園老師，同時也是媽媽，跟小孩交手多年，她的建議與研究的價值無可估量。也感謝其他跟我分享狡猾育兒花招的朋友們：凱西・里德（Kathy Reed）、安東尼・康帕儂（Anthony Compagnone）醫師、克里斯塔・哈特・沙沙曼（Krista Harte Sasaman），以及奸詐狡猾國的國王與皇后：我爸和我媽。

附錄

以下提供一些實用的表格或證書格式，讓你拿來哄孩子用。影印這些附錄時，請將表格放大到二〇〇%。不過，如果有時間的話，最好是跟孩子一起從頭開始創作表格，這會讓他們更有參與感。

每週都把孩子不用提醒或強迫就做到的事記錄下來，並在達到一定數量時嘉獎孩子（如貼紙）。

附錄一 ________________ 的上床準備紀錄表

	穿睡衣	刷牙	用牙線	洗手	洗臉	看故事書			
週一									
週二									
週三									
週四									
週五									
週六									
週日									

附錄二 ＿＿＿＿＿＿＿＿＿＿ 的說好話紀錄表

	說「謝謝」	說「請」	說「不好意思」	說「我可以離開餐桌了嗎？」	說「對不起」				
週一									
週二									
週三									
週四									
週五									
週六									
週日									

附錄三 ______________ 的家事紀錄表

	完成期限	完成貼紙	完成期限	完成貼紙	完成期限	完成貼紙
整理房間						
整理床鋪						
收拾玩具						
洗碗						

英雄證書

茲證明

____

做了好棒好棒的事：

____

____

____

____

因而成為英雄。特頒此證書，以茲證明。

國家圖書館出版品預行編目（CIP）資料

理智斷線前的父母求生手冊：快吃飯、去睡覺、洗澡、看醫生、進餐廳……還有飛機上閉嘴，200 個安撫技巧，讓聽不懂人話的 7 歲以下小孩聽話。／大衛・博傑尼（David Borgenicht）、詹姆斯・葛雷斯（James Grace）著；鍾榕芳譯 . -- 初版 . -- 臺北市：任性出版有限公司，2025.09

224 面；14.8×21 公分 . --（issue；95）

譯自：The Sneaky Parent: Crafty Tactics for Raising Cheerful, Cooperative Kids

ISBN 978-626-7505-92-2（平裝）

1. CST：親職教育　2. CST：育兒

528.2　　114008371

issue 95

理智斷線前的父母求生手冊

快吃飯、去睡覺、洗澡、看醫生、進餐廳……還有飛機上閉嘴，200 個安撫技巧，讓聽不懂人話的 7 歲以下小孩聽話。

作　　者／大衛・博傑尼（David Borgenicht）、
　　　　　詹姆斯・葛雷斯（James Grace）
譯　　者／鍾榕芳
校對編輯／陳語曦
副 主 編／連珮祺
副總編輯／顏惠君
總 編 輯／吳依瑋
發 行 人／徐仲秋
會計部｜主辦會計／許鳳雪、助理／李秀娟
版權部｜經理／郝麗珍、主任／劉宗德
行銷業務部｜業務經理／留婉茹、專員／馬絮盈、助理／連玉
　　　　　　行銷企劃／黃于晴、美術設計／林祐豐
行銷、業務與網路書店總監／林裕安
總 經 理／陳絜吾

出 版 者／任性出版有限公司
營運統籌／大是文化有限公司
　　　　　臺北市 100 衡陽路 7 號 8 樓
　　　　　編輯部電話：（02）23757911
　　　　　購書相關諮詢請洽：（02）23757911 分機 122
　　　　　24 小時讀者服務傳真：（02）23756999
　　　　　讀者服務 E-mail：dscsms28@gmail.com
　　　　　郵政劃撥帳號：19983366　戶名：大是文化有限公司

香港發行／豐達出版發行有限公司 Rich Publishing & Distribution Ltd
　　　　　地址：香港柴灣永泰道 70 號柴灣工業城第 2 期 1805 室
　　　　　　　　Unit 1805, Ph.2, Chai Wan Ind City, 70 Wing Tai Rd, Chai Wan, Hong Kong
　　　　　電話：21726513　傳真：21724355　E-mail：cary@subseasy.com.hk

封面設計／初雨有限公司
內頁排版／王信中
印　　刷／鴻霖印刷傳媒股份有限公司

出版日期／2025 年 9 月
定　　價／新臺幣 420 元（缺頁或裝訂錯誤的書，請寄回更換）
I S B N ／978-626-7505-92-2
電子書 ISBN ／9786267505915（PDF）
　　　　　　　9786267505908（EPUB）